La ley de hierro de la oligarquía

Dalmacio Negro Pavón

La ley de hierro de la oligarquía

© El autor y Ediciones Encuentro S.A., Madrid 2015, 2024
Epílogo de Dalmacio Negro
Presentación de la nueva edición por José María Sánchez Galera

Colección Nuevo Ensayo, nº 137

Fotocomposición: Encuentro-Madrid
Impresión: Tecnología Gráfica-Madrid
ISBN: 978-84-1339-177-9
Depósito Legal: M-46-2024
Printed in Spain

Para cualquier información sobre las obras publicadas o en programa
y para propuestas de nuevas publicaciones, dirigirse a:

Redacción de Ediciones Encuentro
Conde de Aranda 20, bajo B - 28001 Madrid - Tel. 915322607
www.edicionesencuentro.com

ÍNDICE

PRESENTACIÓN DE LA NUEVA EDICIÓN

Cuando hablamos de política —tal es el tema de este libro—, solemos notar tres grandes tendencias. A la primera podemos denominarla «derrotista»; entiende el poder como algo perverso que, de sólito, lo detentan personas sin escrúpulos, únicamente atentas a sus intereses y no al bien común. La segunda tendencia es la idealista o utópica. Resulta moderadamente dañina en regímenes donde hay un suficiente reconocimiento de los principios fundamentales del Derecho; concede al gobierno —y, en especial, al Estado— el constante beneficio de la duda, de modo que todo impuesto irá a una buena causa y todo recorte de libertades redundará en nuestro beneficio. Al respecto nos advierte largamente el profesor Dalmacio Negro en esta nueva edición de su libro. La tercera postura cabría definirla como ecléctica y, en la práctica, conoce una amplia gama de concreciones.

El «derrotismo» es, en ocasiones, un anquilosamiento del eclecticismo. Se constata la necesidad de una cierta dosis de escepticismo sobre la condición humana. Pero un día nos cansamos de administrar esa dosis en cantidades siempre medidas, siempre matizadas. Admitimos que, para que una institución disponga de mínima eficacia, hemos de delegar el poder en un pequeño grupo. Pero nos fatigamos en la búsqueda de un equilibrio en constante corrección, y empezamos a pensar que quizá no sea mala idea olvidarnos de la política, y que un dictador —de los nuestros, eso

7

sí— gobierne durante una generación, sin la engorrosa tarea de rendir cuentas cada pocos años. Todo país necesita, para progresar, de planes estables, a largo plazo. ¿No es mejor que manden los que saben, los expertos, los profesionales?

En 1911 Robert Michels publicó un tratado sobre «la sociología de los sistemas de partidos en la democracia moderna». Según la teoría de Michels, impera dentro de las instituciones y organizaciones políticas la «ley de hierro de la oligarquía», la cual puede formularse de manera sucinta: en realidad, mandan siempre unos pocos. En este sentido, los sistemas democráticos no dejan de ser otro tipo de régimen en el que se perpetúan las inevitables estructuras de Estado que a lo largo de la historia han sido y serán: gobiernos en manos de un puñado de hombres. Aún más: la propia dinámica de los partidos requiere —si pretenden seguir existiendo y acaparando o cooptando poder— de un mecanismo ejecutivo que sea prerrogativa de una minoría.

En nuestra época eso que llamamos democracia —cuyo rostro cubre con muy distintas máscaras— es la diosa suprema. En su nombre, un caudillo amoral puede derribar el Derecho y perpetuarse en el poder, convirtiendo el Estado en cuadrilla de ladrones, según expresión de Agustín de Hipona. Quizá sea la democracia el estilo o revestimiento sociológico que más debilidad halla en nuestra capacidad de discernimiento sobre las oligarquías políticas. Para ampliar nuestra mirada, y para recuperar conceptos que vienen desde la Grecia antigua, Dalmacio Negro ofrece estas páginas, en una edición muy atenta a la deriva de los últimos años. Su eclecticismo remonta las cumbres de nuestro tiempo, para recordarnos que la oligarquía debe ser aristocrática y regirse por la virtud, que hay diferencia entre pueblo y comunidad, entre *auctoritas* y *potestas*, entre forma de gobierno y régimen. Nos recuerda que el Derecho pude ser una emanación de la naturaleza humana —y, por tanto, inmutable en sus principios—, en vez de mero consenso logrado o impuesto en una sociedad de masas.

José María Sánchez Galera

LA LEY DE HIERRO DE LA OLIGARQUÍA

I

El realismo político se diferencia de otros modos de pensamiento político por su escepticismo sobre la naturaleza humana. Entre ellos: a) el humanitarista, una coartada de los poderosos: «quien habla de humanidad, quiere engañar» decía Proudhon; b) el ideológico, racionalista y constructivista pero destructivo en la práctica; c) el imaginativo, literario, anárquico e irrealista; y d) el utópico, estéticamente de mal gusto porque elude enfrentarse a la realidad, pero gratificante en teoría al subordinar la razón a los deseos o caprichos de la voluntad, por lo que aboca fácilmente al terrorismo. El realismo político es inconfundible con la *Realpolitik* como mera *Machtpolitik* (política de poder): simplemente, no se hace ilusiones a causa de la ley de hierro de la oligarquía.

Para Carlo Gambescia, en un libro reciente sobre el liberalismo como expresión del realismo, el realismo político es «triste»[1]; «es la imaginación del desastre», escribe Jerónimo Molina[2]. El problema lo había descrito el chino Han Fei-tzu hace muchos años: «el más sabio de los ministros nunca será escuchado por un rey

---

[1]   Cf. C. Gambescia, *Liberalismo triste. Un recorrido de Burke a Berlin.* Encuentro, Madrid 2015.

[2]   J. Molina, «Realismo político y crítica de las religiones seculares en Raymond Aron», en M. Herrero (ed.), *Religion and the political,* Georg Olms Verlag, Hildesheim / Zurich / Nueva York, 2012. Del mismo, cf. «Raymond Aron ante el maquiavelismo político», *Revista Internacional de Sociología* 5 (2008).

estúpido». Y por razones parecidas, pensar políticamente es para Julien Freund, «ponerse siempre en lo peor». El pesimismo lógico es en política «un estado de madurez», decía Ludwig Marcuse.

La prueba irrefutable, que justifica la actitud realista[3], es esa ley, nunca explícita, casi siempre ignorada. Es una ley metapolítica inmanente a todas las formas del gobierno y de régimen al ser inherente a la naturaleza humana: los gobiernos son siempre oligárquicos con independencia de las circunstancias, el talante, los deseos, las intenciones, la voluntad, las pasiones, los sentimientos y las ilusiones de los escritores políticos, de lo que digan los políticos autoengañándose o para engañar a los demás, y de lo que esperan o tal vez temen los gobernados sean o no electores. Estos últimos son en realidad una minoría, pues la mayoría se limita a votar. Una ministra chilena ha dicho recientemente: «los gobiernos no están al servicio ni de las ideologías ni de las religiones». Puede ser. Pero, si no son oligárquicos, están al servicio directo de las oligarquías o dependen de ellas: gracias a ellas pueden mandar sobre la oligarquía y el resto. «La potencia del gobierno no flota en el aire», reconocía Karl Marx, reduciendo empero la potencia a la economía.

Salvo los partidarios y favorecidos, todo el mundo sabe o percibe más o menos vagamente que hay algo detrás del gobierno: «en el magín del ciudadano consciente, la pregunta política por excelencia, no ha de ser quién debe mandar, sino qué hará el gobierno»[4].

---

[3]   Según el *Diccionario* de Abbagnano, la palabra realidad (que proviene de la *realitas* de Duns Scoto) indica en el discurso filosófico «el modo de ser de las cosas en tanto existen fuera de la mente humana o independientemente de ella» en contraposición a la idealidad que designa «el modo de ser de aquello que está en la mente y no puede ser o no está incorporado o actuado todavía en las cosas». Para P. P. Portinaro «la realidad es, en el léxico político, el modo de ser de las relaciones de poder consideradas independientemente de los deseos y las preferencias de los actores o de las teorías más o menos normativas de los espectadores». Distingue tres formas de realismo: el «complaciente», el «melancólico» y el que «vibra de indignación moral». Cf. P. P. Portinaro, *Il realismo político*, Laterza, Roma 1999, p. 13.

[4]   J. Molina, *Nada entre las manos*, Los papeles del sitio, Sevilla 2013.

II

Lo Político existe siempre, la verdad política fundamental es la libertad colectiva y lo decisivo es quién la tiene. Sin libertad política no existe la Política, la actividad relacionada con lo Político tal como se entiende desde los griegos en la tradición occidental: como ejercicio de la libertad colectiva o política, aunque esté reservada legalmente a unos pocos. Ahora bien, en cuanto que colectiva depende de la opinión, que es plural. Y no son solo las circunstancias las creadoras de las opiniones de la mayoría de los hombres, como pensaba Dicey. Las circunstancias son cambiantes y la opinión se fundamenta en las tradiciones, las costumbres y las creencias. Las circunstancias pueden acaso conmocionarla, a veces muy eficazmente, lo mismo que la propaganda.

La opinión de cada individuo es una mezcla confusa de ideas-creencia, ideas-ocurrencia, necesidades, pasiones, sentimientos, emociones, deseos miméticos e intereses, con frecuencia contradictorios o por lo menos contrarios, y la opinión de cada persona sobre los asuntos comunes, públicos, ha de coincidir, al menos superficialmente, con la de todos —o la mayoría— y cada uno de los opinantes en materia política. Y como esto introduce la incertidumbre en la vida política, la libertad colectiva suele descuidarse hasta que el estado de cosas obliga a reivindicarla, no siempre pacíficamente: las revoluciones son *formalmente* reivindicaciones de la libertad política; *materialmente*, de la seguridad necesaria para poder ejercitarla. La capacidad del hombre político, el «hombre de Estado», se mide por su aptitud para captar, a través de la opinión, lo que el pueblo quiere realmente.

La ley de hierro de la oligarquía se ciñe principalmente al papel político de los intereses y los deseos miméticos, sin tener en cuenta si quienes mandan se conducen como aristocracias con sentido del honor y del deber (*aristós*, el virtuoso, el mejor), o guiados por su egoísmo y el de las oligarquías que les apoyan. La aristocracia es social y defiende las libertades mientras conserva ese carácter y no se transforma en oligarquía, dando preferencia a los intereses y los derechos sobre el código «nobleza obliga»[5]. Maquiavelo observó la causa del gran peligro: «a los hombres nunca les parece que poseen con seguridad lo que tienen, hasta que adquieren algo más de otros». Pueden ser también determinantes otras motivaciones, desde los afectos, las emociones o las simpatías a las ideologías, las utopías y las creencias.

De ahí la relativa inutilidad de las teorías políticas y del pensamiento político concebido con la mayor racionalidad. Escribía Jesús Fueyo: «Es un puro ilusionismo —las más de las veces ideológico— el dar por sentado que existe una y una sola respuesta científica —¡y no digamos de una vez para siempre!— para los grandes problemas políticos. La realidad política es de suyo polémica y el verdadero pensamiento político no es científico en tanto discurre en plena beligerancia. Cuando llega a recibir el universal «consensus» de científico es cuando ha vencido, y también, cuando habiendo sido vencido, conserva un digno interés arqueológico»[6]. No solo eso: la servidumbre a la teoría distorsiona los cálculos

---

5   Cf. López-Amo, *El principio aristocrático*, Sociedad de Estudios Políticos, Cartagena / Murcia 2008. Lorenz von Stein, de quien era deudor López-Amo, postuló una suerte de socialdemocracia opuesta a la socialista revolucionaria, basada en la aristocracia y la Monarquía alemanas, que influyó en la *Sozialpolitk* de Bismarck frente a Marx y Lasalle. Cf. el artículo de Stein «Demokratie und Aristocratie» incluido en *Schriften zum Sozialismus 1848, 1852, 1854*, Wissenschaftliche Buchgesellschaft, Darmstadt 1974.

6   J. Fueyo, *Estudios de teoría política*, Instituto de Estudios Políticos, Madrid 1968.

políticos más prudentes. Maquiavelo, que jamás teorizó sobre la política, la hacía depender de los caprichos de la diosa Fortuna. Y Miguel de Cervantes comentaba al respecto que «esta que llaman por ahí Fortuna es una mujer borracha y antojadiza, y sobre todo, ciega, y así no ve lo que hace, ni sabe a quién derriba». La política es cliopolítica y por ende es siempre azarosa. La *virtú* del príncipe consiste en saber arriesgarse y tener fortaleza para asumir las consecuencias.

Lo único eficaz es la crítica racional de la realidad política para mantener despierto el espíritu de la libertad colectiva. Esta es la causa por la que todo poder político procura simular, operar en secreto y controlar la información llegando tal vez a la censura o sugiriendo la conveniencia de la autocensura mediante dádivas o amenazas legales más o menos sibilinas. La política, decía pesimista, irónica y cínicamente el poeta Paul Valéry, es el arte de evitar que se entere la gente de lo que le atañe.

Lo único seguro de la política, atestiguaba Guglielmo Ferrero, es que se asienta en el hecho de que «el poder recae siempre en manos de una pequeña minoría fuertemente organizada e integrada exclusivamente por sujetos individuales o, todo lo más, por pequeños grupos. En esto estriba precisamente la clave última de su superioridad, la razón de su éxito, el secreto que le permite habitualmente imponerse con asombrosa facilidad»[7]. Esto no obsta, al contrario, a que la política *auténtica* tenga que ser una combinación de moralidad y poder[8].

La consideración de la ley de hierro de la oligarquía desde el punto de vista de los regímenes le da el rango de *leitmotiv* del pensamiento político, sin duda, el principal.

---

[7]   G. Ferrero, *El Poder. Los Genios invisibles de la Ciudad, Tecnos*, Madrid 1991, p. 87. Cf. C. Schmitt, «Coloquio sobre el poder y el acceso al poderoso», en *Revista de Estudios Políticos* 78 (1954).

[8]   Cf. E. H. Carr, *La crisis de los veinte años (1919-1939). Una introducción al estudio de las relaciones internacionales*, La catarata, Madrid 2004.

III

La ley de hierro tiene por lo pronto una ventaja: «No es la des-velación, sino la des-ilusión, lo que quebranta los mitos y promueve el abandono de las actitudes míticas». Desenmascara los mitologemas[9] mediante la desilusión y descalifica o ridiculiza las pretensiones del pensamiento político y de la política que no se atienen a lo concreto y agible en el momento presente, a la realidad histórica.

Tiene también dos inconvenientes.

El primero, que hace imposible una teoría política universal. Por ejemplo, como la de Hobbes, para quien la matemática es la lógica de la ciencia, la filosofía y la política, y «la política concreta está extrañamente ausente»[10]. Sería un cientificismo ideológico, puesto que la política *presupone* por un lado la libertad colectiva, que puede estar dividida o dispersa —un caso extremo es el multiculturalismo que impide gobernar—, y la *intensidad* con que opera la ley de la oligarquía y, por otro, depende de la vivencia del sentimiento y la necesidad de las libertades y del *azar* o el conjunto indefinible de causas, concausas y circunstancias de todo orden. De ahí que sea la prudencia la virtud principal del político y pertenezca la política al ámbito de la filosofía práctica, no al de la teorética, hacia la que

---

[9]   Cf. M. García-Pelayo, *Los mitos políticos,* Alianza, Madrid 1981, p. 29.

[10]   J.-F- Moreau, *Hobbes. Filosofía, ciencia, religión,* Escolar y Mayo, Madrid 2012, p. 54.

viene derivando desde Hobbes[11]. Ernst Jünger veía en el *Diario de 1965-1970* como uno de los grandes problemas actuales, que «la política no es ya nuestro destino, sino la física».

El segundo inconveniente consiste en que, si se extrema la actitud pesimista, se llega fácilmente a la conclusión de que el poder es malo, idea difundida por la preponderancia del pensamiento político de origen protestante. Tras la Revolución francesa que, confundiendo la titularidad del poder con su origen, desenmascaró a las monarquías que se lo atribuían por disposición divina para atribuírselo al pueblo, es decir, a las oligarquías que le representan, esta actitud pesimista ha llegado a ser empero la dominante. El gran historiador Jacob Burckhardt creía firmemente que «el poder es malo» (*die Macht ist böse*) y es popular el *dictum* de Lord Acton, influido por el historiador suizo, «el poder corrompe y el poder político corrompe absolutamente»[12]. El poder tienta, es la tentación del orgullo, ensoberbece. Una frase de Tocqueville matiza y aclara la idea de Lord Acton: «El apego que uno tiene por el poder absoluto es directamente proporcional al desprecio que siente por sus conciudadanos».

La frase clave de *El espíritu de las leyes* es que resulta «una experiencia eterna que todo hombre investido de autoridad abusa de ella» (XI, 4). Mas la teología protestante, alimentada por teólogos como Karl Barth, quien atribuía los males políticos y económicos a la naturaleza pecaminosa del hombre, si por una parte separa la moral y la política e induce a renunciar a la política dejándola, puesto que es inevitable, en manos de los peores, contribuye por

---

[11]   Cf. W. Hennis, *Política y filosofía práctica*, Sur, Buenos Aires 1973.

[12]   En realidad, el católico Acton no sostenía que el poder sea malo en sí mismo. Decía que el poder —como la libertad, el dinero, las pasiones, etc.— *tiende a* corromper y que, si es absoluto, tiende a corromper absolutamente: «*Power tends to corrupt and absolute power corrupts absolutely*». La frase pertenece a una carta privada (5.IV.1887) al obispo Mandell Creigthon a propósito de una recensión de *The History of Papacy,* cuyo autor era el obispo. Cf. Lord Acton, *Essays in the Study and Writing of History*, vol. II, the Liberty Classics, Indianapolis 1985, p. 383. Hay traducción española: *Ensayos sobre la libertad y el poder*, Unión Editorial, Madrid 2011.

otra parte a justificar los actos del poder. A eso hay que añadir que, modernamente, no es indiferente que se trate del gobierno o del Estado: el Estado, no un aparato al servicio del poder, sino una máquina cuya poderosidad impone miedo, y como su poder es *anónimo*, cuando la opinión pública está manipulada, no existe o decae el *êthos*, irrumpen poderes indirectos, particulares, de naturaleza muy distinta a los poderes intermediarios de Montesquieu, Tocqueville, etc., que usurpan de hecho el poder público, un poder impersonal, el de la «gente», decía Ortega, y se intensifica la oligarquización. Bajo el Estado, ni siquiera la tiranía necesita tener una cabeza visible y las gentes egoístas, los estúpidos, los logreros y las oligarquías se sienten cómodas en él imponiendo la tiranía de la opinión como política correcta. Tal es la causa, quizá principal, de la *Realpolitik* como *Machtpolitik* o política de poder.

El caso decisivo y más eminente es precisamente el del racionalista protestante Thomas Hobbes, inventor del Estado, cuyo lema podría ser la famosa expresión *homo homini lupus*, tomada de Plauto. El gran pensador inglés hizo de la pecaminosidad inherente a la naturaleza humana, reduciéndola al interés, el fundamento de su teoría política. Unió el poder político y el temor de los hombres a los demás hombres e identificó lo Político con el aparato estatal, concebido como un hombre magno cuya mera existencia como una máquina instala el *miedo* como categoría permanente de la vida colectiva. Contra todo ello reaccionó Rousseau, de educación calvinista, pero en realidad siguiéndole y radicalizando aún más la prepotencia que da Hobbes a la ley.

Lutero había dicho que la razón es una *Hure*, una prostituta que extravía la fe, lo que introdujo la desconfianza en el hombre que justifica el estatismo. Rousseau la agravó ingenuamente al sostener contra Hobbes que si la razón es corruptora, como la naturaleza humana es angélica en su origen —el Paraíso perdido—, lo pertinente es la preeminencia del sentimiento. De ahí la actitud progresista que, empeñada en restaurar a lo Rousseau la naturaleza humana caída, ha desembocado finalmente en la irracional antipolítica pacifista y de la tolerancia indefinida, llamada popularmente «buenista», indiferente al bien y al mal. El «más allá del bien y del mal» de Nietszche, que deja en la impunidad a las oligarquías y las legitima para imponer la política correcta, de trasfondo angelista. Una actitud paradójicamente antihumanista.

El auténtico pensamiento político no es ni hobbesiano ni rousseuniano. Ambos se revuelven contra la tradición política fomentando la abstracción y el apoliticismo. El pensamiento político tradicional no prejuzga la naturaleza humana: ateniéndose a la realidad según la experiencia, la acepta según es, pecaminosa pero racional en el sentido de razonable, de manera semejante al atribuido por el Derecho al *pater*, o *mater*, *familiae*.

Michel Foucault decía que el poder está en todas partes y un economista como James Buchanan escribe —no es el único—, que, «en política, quienes toman las decisiones últimas sobre empleo de los recursos, no comparten ninguno de los costes del sacrificio de oportunidades abandonadas»[13]; y en otro lugar: «ningún sistema de organización social en el que los hombres puedan actuar libremente es capaz de impedir la explotación del hombre por el hombre o de un grupo por otro grupo»[14]. Uno de los mayores problemas actuales consiste en la supeditación casi absoluta de la política a la economía, como si fuese lo natural. Olvidando que no existe la economía pura y que en último análisis depende de una metafísica, la ciencia económica —que descansa *formalmente* en el principio de la escasez que, como demostró Gustavo Cassel, le permite cierto grado de determinismo— ha usurpado el sitio a la política en la confianza de que puede difundir la felicidad o incluso suprimir el mal. Rechazando las enseñanzas de la historia y la política, limita esta última a los aspectos materiales del mundo de la vida. El cientificismo economicista que se ha apoderado de la política olvida que la maldad humana es en muchos casos simple estupidez.

---

[13] J. Buchanan, *Ética y progreso económico*, Ariel, Barcelona 1996, p. 131.

[14] J. J. Rallo. Cf. http://www.libremercado.com/2013-01-09/juan-ramon-rallo-james-buchanan-y-los-limites-del-poder-politico-66992/. Buchanan está aludiendo a la ley de hierro sin saberlo o sin decirlo.

Son infinitos los testimonios que podrían aducirse sobre la primacía de la política, su estrecha relación con la ley de hierro y su pesimismo lógico. Podrían sintetizarse con otro célebre *dictum* de Carl Schmitt: en política, «quien escribe se proscribe». Hablar políticamente de la realidad política es arriesgarse a ser proscrito, no solo políticamente sino socialmente, incluso económicamente. Habría que matizar: salvo que se sea hobbesiano o rousseauniano, según la situación concreta.

IV

Desde hace tiempo, y por supuesto en la actualidad, es preciso tener en cuenta el cambio sustancial experimentado en la vida política debido a la instalación de amplias clases medias —en recesión actualmente por la presión de las oligarquías—, cuyo origen y fundamento es el trabajo, como clases independientes en la sociedad, en la cultura y en la civilización. Gracias a la libertad de trabajo se hacen poseedoras y propietarias. Y universalizada la natural libertad de trabajo, peculiar de la civilización occidental, donde está empero cada vez más en entredicho, el estado social democrático ha sustituido al ancestral y universal estado aristocrático de la sociedad. Ese hecho es en el fondo el gran elemento revolucionario de la «globalización».

Debe reconocerse el mérito de la famosa ley inspirada por el revolucionario Le Chapéliére, tan criticada, sin embargo, al abolir el monopolio de los gremios, que no se libran de la ley de hierro. Hannah Arendt llamó la atención sobre la introducción de un nuevo paradigma en la vida y el pensamiento político debido a ese hecho y atribuyó con razón a Karl Marx el mérito indiscutible de haber sido el primero en hacer hincapié vigorosamente en él con categoría de acontecimiento[15]. Aunque, a la verdad,

---

[15] H. Arendt, *Karl Marx y la tradición del pensamiento político occidental*, Encuentro, Madrid 2007. En realidad, Marx no fue el único. La idea la sacó quizá de John Millar y Adam Ferguson y de las críticas de Bentham y los benthamitas,

Tocqueville captó en Norteamérica lo esencial de la cuestión y dijo simultáneamente lo mismo pero de otro modo, al pedir una nueva ciencia política para «un mundo enteramente nuevo» nacido del tránsito del estado aristocrático de la sociedad al estado social democrático debido a la formación de las clases medias[16].

El propio Tocqueville señaló que comenzó su gestación en el fondo de la Edad Media, siendo el cristianismo la causa formal; la material consistió en la adición a las posesiones y propiedades inmobiliarias aristocráticas de un gran incremento de la posesión y propiedad de bienes mobiliarios que modificó la economía circular, *kreislauf* (Schumpeter), o de perpetuo giro. Se deben tener en cuenta también los adelantos técnicos y las revoluciones agrarias habidas en la todavía llamada absurdamente Edad oscura.

Ferdinand Lassalle, el fundador del «socialismo evolucionista»[17] —la socialdemocracia partidaria de la revolución mediante la reforma legal en contraste con el socialismo revolucionario de Marx—, había rebautizado como ley de hierro la ley de bronce de los salarios de David Ricardo, para darle más énfasis, y es muy probable que Michels, estudioso del partido socialdemócrata alemán, la generalizase como ley de hierro de la oligarquía, aplicando la idea de Lasalle a los partidos políticos.

Bajo la influencia de la tradición de la Polis griega y ejemplos parecidos, y del pensamiento político tradicional, Montesquieu solo concebía gobiernos republicanos en pequeñas ciudades o grupos de hombres, donde es posible la democracia directa o participativa. Por eso son indispensables los partidos, o como se les quiera llamar, en los gobiernos democráticos de espacios de mayores dimensiones, pese a las buenas razones —entre ellas la de la corrupción— esgrimidas por Simone Weil para suprimirlos. El

---

de conservadores como Coleridge, los primeros cristianos socialistas, etc. Pero fue quien planteó el tema con más vigor y rigor.

[16]   Cf. D. Carrión Morillo, *Tocqueville. La libertad política en el estado social,* Delta, Madrid 2007.

[17]   Cf. E. Bernstein, *El socialismo evolucionista,* Comares, Granada 2011.

problema principal no es su particular e inevitable organización oligárquica, sino el hecho de que en toda agrupación humana existe una jerarquización, por muy informal que sea. «Quien habla de organización habla de oligarquía», decía Michels.

V

Seymour M. Lipset observó la interrelación entre los estudios de Marx y Tocqueville, respectivamente sobre la división del trabajo y el consenso, con los de Michels sobre la oligarquía y los de Max Weber sobre la burocracia: «Ambos —dice, refiriéndose a los dos últimos— trataron de demostrar que las organizaciones y sociedades socialistas eran, o serían necesariamente, tan burocráticas y oligárquicas como las capitalistas»[18].

Desde la publicación en 1911 del famoso libro de Michels *Los partidos políticos. Un estudio sociológico de las tendencias oligárquicas de la democracia moderna*[19], suelen relacionarse las alusiones a la oligarquía con los partidos políticos, aspecto sobre el que existe bastante bibliografía, que suele seguir a Michels o parte de él. Sin embargo, a pesar de su afirmación en el prólogo de 1915 a la edición inglesa de aquella obra, de que «la democracia conduce a

---

[18] Según Lipset, «las teorías de Weber y Michels sobre la burocracia y la democracia junto con las de Marx y Tocqueville sobre el conflicto y el consenso, establecieron la preocupación básica de la sociología política moderna», S. M. Lipset, *El hombre político*, Eudeba, Buenos Aires 1963, pp. 8-10.

[19] Puede consultarse la edición de Amorrortu, Buenos Aires 1969. Esta edición, traducción de la versión inglesa, incluye el prólogo de Lipset. La tesis de Michels no se ha librado de críticas. Se podrían resumir, decía hace tiempo un comentarista, en que «si todavía no ha aparecido en el planeta una organización capaz de evitar la ley de hierro, es que esta ley se basa sin duda en un ideal utópico», C. Fred Alford, «The 'Iron Law of Oligarchy' in the Athenian Polis... and Today», en *Canadian Journal of Political Science* 18 (1985), p. 298. Alford piensa que no es «completamente utópica» y puede mitigarse.

la oligarquía y contiene necesariamente un núcleo oligárquico», en comparación con Weber inspiró pocos estudios posteriores. Rara vez se considera esa ley como una ley general que condiciona la política. El propio Michels casi se limita a decir, acertadamente, que es «una ley sociológica más allá del bien y del mal».

La atención a la ley de hierro en relación con los partidos políticos —que hace ilusoria la absurda exigencia de que «se democraticen internamente»— está sobradamente justificada, ya que parecen ser indispensables en la democracia de masas[20]. Ahora bien, los partidos políticos son solo un aspecto de sus implicaciones. Si, como decía Foucault, el poder está en todas partes, no opera solo en la democracia —ni en la política—, aunque en este caso sean más notorios sus efectos. Sin embargo, no deja de ser sorprendente la relativa escasez de estudios concretos sobre esa ley, pese a que la historia de Occidente podría escribirse como una interpretación oligárquica de la historia bastante menos reduccionista que la interpretación económica socialista, o como una lucha permanente por la libertad política mediada por la dictadura en situaciones límite o excepcionales a fin de conservar el equilibrio del orden político. Unas veces a favor de las oligarquías y otras de la democracia, como en las célebres luchas entre Sila, defensor de la oligarquía, y Mario, defensor de los plebeyos, y luego entre sus herederos Pompeyo y César[21]. La sacralización de la democracia —la transformación de la democracia en una religión—

---

[20] Tras la Segunda Guerra Mundial, la jerarquización organizativa ha llegado al punto que los partidos son en gran medida partidos de funcionarios, al haberse convertido el Estado en Estado de Partidos. Leibholz, teórico de esta forma del Estado, reconocía que la democracia es hoy plebiscitaria. Pero esto pertenece al tema de la representación, que cae fuera del presente trabajo. Sobre el Estado de partidos, cf. M. García-Pelayo, *El Estado de partidos,* Alianza, Madrid 1986; A. García-Trevijano, *Teoría pura de la República,* El buey mudo, Madrid 2010.

[21] César introdujo como elemento moderador la otra forma originaria del gobierno: la monarquía, intuida por Cicerón en su doctrina sobre la forma mixta. Augusto realizó la idea de César instituyendo el principado, en el que se asentó el Imperio, republicano conforme a la tradición romana, hasta que se divinizó al emperador en el Bajo Imperio.

tiene seguramente bastante que ver con la escasa atención explícita prestada a esa ley, que afecta y en cierto modo explica el «constitucionalismo»[22].

El meollo de la cuestión radica en cómo impedir o mitigar que los que mandan, no solo los partidos (aunque sean de notables, como los liberales y conservadores del siglo XIX), se comporten oligárquicamente respecto al resto de la sociedad o sean meras correas de transmisión de los intereses, deseos, sentimientos, incluso caprichos, de las oligarquías sociales. Lo decisivo políticamente es la función de la ley de hierro como un denominador común de todas las formas del gobierno, incluida la oligárquica. Nicolás Pérez Serrano notaba que fortalece por ejemplo la figura del Jefe del Estado, aunque sea doctrinalmente inoperante, al confluir en su figura la tendencia oligárquica[23]. Bertrand de Jouvenel infirió de la concentración de los poderes la monarquización del mando, el secreto en las grandes decisiones, que los sistemas políticos «democráticos» tendían a ser principados en los que proliferan las élites[24].

---

[22]   Carl J. Friedrich menciona de pasada la ley de hierro en relación con los partidos en su importantísimo *Gobierno constitucional y democracia* (2 vols., Instituto de Estudios Políticos, Madrid 1975). Karl Loewenstein ni la menciona, limitándose a decir que «la nueva sociología histórica de Mosca, Pareto, Michels y Max Weber —por no citar a Giovanni Battista Vico— ha mostrado de manera convincente que no existe en absoluto una relación causal entre la estructura del mecanismo gubernamental y la localización fáctica del poder», K. Loewenstein, *Teoría de la Constitución*, Ariel, Madrid 1964, p. 47. Tampoco A. C. Pereira Menaut en sus *Lecciones de Teoría Constitucional*, Colex, Madrid 2006. Una causa puede ser la desaparición académica del Derecho Político, sustituido pedagógicamente por el Derecho Constitucional.

[23]   N. Pérez Serrano, *Tratado de derecho político*, Civitas, Madrid 1976, p. 324.

[24]   Cf. B. de Jouvenel, *Du principat et autres réflexions politiques,* Hachette, París 1972, pp. 148ss. (Hay traducción española: *El Principado*, Olejnik, Santiago de Chile 2021). Jouvenel no menciona la ley de hierro. Pero el conjunto de artículos es una reflexión sobre el carácter oligárquico de los gobiernos. Sobre el pensamiento de Jouvenel consultar A. Zerolo, *Génesis del Estado Minotauro. El pensamiento político de Bertrand de Jouvenel.* Sequitur, Murcia 2013.

VI

Lo esencial de la ley de hierro es que, al configurar o estructurar los regímenes políticos condicionando al gobierno cualquiera que sea su forma, constituye la causa de muchos conflictos. Así, el trasfondo de la llamada «cuestión social» es, o era pero es posible que vuelva, la reivindicación del reconocimiento político de la mayoría de edad del mundo del trabajo. Los sindicatos nacieron porque los partidos políticos burgueses no representaban a los trabajadores. Conseguida la representación política —si auténtica o no es otra cuestión— mediante el sufragio universal, están obsoletos.

El hecho de que la ley de hierro de la oligarquía haya pasado prácticamente inadvertida como tal hasta tiempos relativamente recientes sugiere, con palabras de Alfred N. Whitehead, la salida a la luz pública de una idea emparentada con el tipo de «ideas filosóficas de elevada generalidad necesario para guiar a la aventura hacia lo nuevo y asegurar la realización inmediata de lo útil de este fin ideal»[25]. Si la política ha de ser verdaderamente democrática, la ley de hierro es la cuestión central.

La ley de hierro pertenece al ámbito de la metapolítica que, «como su nombre lo indica, en griego *thá methá politiká*, va más allá de la política, a la que trasciende en el sentido de que busca su

---

[25] A. N. Whitehead, «Prólogo» a *Aventuras de las ideas,* Plaza & Janés, Barcelona 1942.

última razón de ser, el fundamento no-político de la política»[26]. La metapolítica es «una disciplina —prosigue Alberto Buela— cuyo objeto es doble. Es filosófico (se ocupa de los fundamentos últimos de la política) y político (se ocupa de la proyección político-social de dichos fundamentos)»[27]. Según C. Gambescia, «en primer lugar, la metapolítica estudia la realidad política en los términos en que es y no en los que debiera ser. En segundo lugar, la metapolítica se ocupa de las cuestiones ligadas a la legitimidad del poder (raíz y forma) tal como se presentan, sin apelar a alguna causa primera ultraterrena y, en tercer lugar, tiene un valor metodológico en el sentido de que individúa y relativiza los juicios de valor»[28].

Decaída la filosofía práctica, sustituida por la politología, que concibe la política al estilo positivista, su carácter filosófico podría ser otra causa de la desatención a la ley de hierro. Pero lo cierto es que subyace al pensamiento político desde sus comienzos como un presupuesto metapolítico, pudiéndose citar multitud de pensadores y escritos como el mencionado de Jouvenel —en realidad casi toda su obra—, cuya *ultima ratio* o justificación consiste en que, sin mencionarla o «caer en la cuenta», la presuponen. El pensamiento político de Platón, el fundador de la filosofía política, o la ciencia (en el sentido griego) política de Aristóteles, serían ininteligibles sin tener en cuenta la ley de hierro aunque no la nombran así.

[26] A. Buela, «¿Qué es metapolítica?», en *Ensayos de disenso (Sobre Metapolítica)*, Nueva República, Barcelona 1999, pp. 97-98.

[27] A. Buela, Ib.

[28] C. Gambescia, *Metapolitica. L'altro sguardo sul potere*, Il Foglio, Piombino 2009, pp. 31-32. Manfred Riedel planteó el problema en *Metafísica y metapolítica*, Alfa, Buenos Aires 1977.

VII

El pesimista Hobbes, para quien la innovadora ciencia natural de Kepler, Galileo y otros era «un pequeño poder», imaginó una nueva ciencia política aparentemente optimista en tanto que objetiva, que remediase las consecuencias de la ley de hierro implícita en la vida colectiva, desde luego sin mencionarla, aunque su obra es una batalla constante contra la oligarquía. Introdujo así el nuevo paradigma que alteró el curso natural de la tradición política europea, de origen greco-romano, históricamente más romano que griego[29], transformada doctrinalmente por san Agustín en escatológica[30], lo que renovó el contenido de los conceptos griegos y romanos.

Hobbes describió las pasiones o causas antropológicas del pesimismo político y las leyes de la naturaleza humana que justificaban su teoría del Estado, trasunto de la Polis griega junto con nuevos

---

[29] Cf. el importante trabajo de Á. d'Ors, «Sobre el no-estatismo de Roma», en *Ensayos de teoría política,* Eunsa, Pamplona 1979.

[30] Cf. D. Sternberger, *Drei Wurzeln der Politik,* 2 vols., Insel, Frankfurt am Main 1978. Es de notar que la palabra «política» era extraña a la Edad Media hasta que Guillermo de Moerbeke tradujo la *Política* de Aristóteles hacia 1260, probablemente a instancias de santo Tomás de Aquino. Cf. D. Sternberger, *Die Politik und der Friede,* Suhrkamp, Frankfurt am Main 1986, especialmente «Das Wort Politik und der Begriff des Politischen». Sternberger insiste en que el fin propio de la política es la paz. Cf. M. Revelli, *La política perdida,* Trotta, Madrid 2008.

elementos[31]. Sobre todo, modificó la tradición de la *omnipotentia iuris* medieval, que reconocía la *auctoritas* del Derecho en tanto parte de las reglas del orden creado por Dios, el único soberano en el sentido moderno: diseñó el Estado Soberano de Bodino como una nueva forma de lo Político regida científicamente por el derecho político —origen del derecho público— inventado en sus *Elementos de Derecho natural y político*. Hobbes le atribuyó la *omnipotentia iuris* en tanto el Estado es un *deus mortalis*: formar el derecho político —«o civil», el derecho de los ciudadanos que rige la Ciudad como un todo— «corresponde a quien tiene el poder de la espada, mediante la cual los hombres se ven obligados a observarlo, pues si no, no tendría sentido», escribe en *Elementos*[32]. Creía en *arriére pensée* que, al ser el Estado un artificio científico cuya potencia es impersonal, neutralizaría la ley de hierro, que es una síntesis de las leyes de la naturaleza humana —en el fondo más o menos como las expuso el propio Thomas Hobbes—, equilibrando las necesidades y los egoísmos para conseguir la paz. La naturaleza de ese ente artificial —«superentidad misteriosa» le llamaba el gran constitucionalista C. J. Friedrich— es por eso la *neutralidad*.

[31]   Al respecto, cf. W. Naef, *La idea del Estado en la edad moderna*, Aguilar, Madrid 1973. Sobre la influencia de la Polis en la génesis del Estado, son clásicos los estudios de P. Joachimsen.

[32]   T. Hobbes, *Elementos*, Tecnos, Madrid 2005, II, 1, 10, p. 221. La obra circuló en copias en 1640, cuatro años después de la aparición del *Discurso del método*. Hobbes estudia las pasiones en la primera parte y en la segunda el derecho político como la rama fundamental del derecho, a la que trasladó la autoridad de la *omnipotentia iuris*: *auctoritas, non veritas, facit legem* dirá Hobbes. El derecho político, que organiza la estatalidad, comenzó así a prevalecer como el derecho de la soberanía política-jurídica de Bodino sobre el tradicional, que quedó poco a poco como *ius privatum*. Salvo en Inglaterra, donde subsistió la *omnipotentia iuris* medieval en la figura del *Common-law*.

VIII

Cassirer y Carl Schmitt, discípulo *ex lectione* del innovador pensador inglés, observaron[33] que, irónicamente, el científico Hobbes inventó un nuevo mito, en el que fundió el mito y la razón. Mito racional que, como máquina de poder, hace inevitable que el maquinista, como se llamaba metafóricamente al gobierno estatal, sea oligárquico.

El ser humano puede ser egoísta, pero el poder lo es intrínsecamente según, entre otros, Bertrand de Jouvenel. Como decía Burckhardt, el poder político se opone a todos los egoísmos menos al suyo. Así, en Francia, la monarquía absoluta financió a la aristocracia, más o menos empobrecida por el aumento de la riqueza numeraria, transformándola en una oligarquía a su servicio: la sociedad cortesana descrita por Norbert Elias[34]. Una forma de la sociedad política, como la de Gramsci que, junto con la burocracia[35], media entre el gobierno estatal y la llamada a partir

---

[33]   Cf. E. Cassirer, *El mito del Estado,* Fondo de Cultura, México (varias edcs.) y C. Schmitt, *El Leviatán en la doctrina del Estado de Tomás Hobbes,* Fontamara, México 2008. J. Ratzinger, pensador metapolítico, decía en una famosa homilía: «La fe cristiana ha destruido el mito del Estado divinizado, el mito del Estado paraíso y de la sociedad sin dominación ni poder. En su lugar, ha implantado el realismo de la razón», J. Ratzinger, *Iglesia, ecumenismo y política,* BAC, Madrid 1987, p. 167.

[34]   Cf. N. Elias, *La sociedad cortesana,* Fondo de Cultura, México 1982.

[35]   Cf. el cap. II de la op. cit. de C. J. Friedrich, titulado «El elemento sustancial del gobierno moderno: la burocracia».

de Hegel sociedad civil, entendida como la vida económica del conjunto de los individuos dedicados a la actividad adquisitiva (*Bürgergesellschaft*).

Si el mecanicista Hobbes redujo el pueblo, concepto orgánico, al mito de la Sociedad —el pueblo como un conjunto mecánico de individuos— subordinándolo al del Estado, Lorenz von Stein, partiendo de Hegel, redujo su famosa tríada Familia-Sociedad-Estado, en la que la Familia y el Estado son universales concretos, naturales y la Sociedad un concepto lógico, abstracto, al dualismo Sociedad-Estado como las dos formas eternas de la eticidad o civilidad. Al introducir la Familia en la Sociedad hegeliana, rescató el Pueblo natural, el *Volk*, y la transformó en un universal concreto de tipo organicista.

En Francia, Saint-Simon y Comte, los padres del cientificismo político contemporáneo, la creencia en que la ciencia sabe qué es bueno —como un juicio de valor en la línea de Hobbes— para el hombre, y enemigos, igual que el gran pensador inglés, de la política en el sentido griego, romano y medieval, consideraron solamente la Sociedad, reduciendo la estatalidad al aparato del gobierno científico o tecnocrático, una oligarquía ilustrada que se sirve de la máquina estatal para adecuar la vida colectiva a las enseñanzas de la ciencia.

Marx, discípulo *ex lectione* de Hegel, Stein, Saint-Simon y Comte, calificó el Estado como superestructura de la Sociedad hegeliana, destacando su aspecto económico y su carácter de instrumento de la clase dominante.

Hoy se habla mucho de la Sociedad, de la que se ocupa la sociología inventada por Comte, como algo permanentemente *in fieri* hasta que alcance su estado perfecto, y apenas se habla del pueblo. Tal vez por todo eso tampoco se habla mucho de la oligarquía salvo como forma natural del gobierno. Quizá también porque el *Zeitgeist* es democrático y, decía Tocqueville, la democracia «*immatérialise le despotisme*».

El viejo neoplatónico Plotino hablaba de «ver sin ver nada» y Vincenzo Sorrentino llamó la atención hace años en *Il potere invisibile* sobre la dialéctica de Hannah Arendt entre visibilidad e invisibilidad, que recuerda por cierto a la de Coleridge: «Estamos lejos de toda utopía de la transparencia; la invisibilidad es, de hecho, una dimensión constitutiva del mundo y de la vida humana. Vivimos en un 'mundo de apariencias', en el sentido que —cita a Arendt— 'para nosotros lo que aparece —aquello visto y sentido por otros como si fuese por nosotros mismos— constituye la realidad'»[36]. Se vive en el *Als Ob* o *Como si,* la respuesta de Hans Vaihinger al nihilismo metafísico de Kant y Nietzsche, que hizo suya Kelsen y anticipó el relativismo postmoderno.

---

[36]   V. Sorrentino, *Il potere invisibile. Il segreto e la menzogna in política,* Edizioni la Meridiana, Molfetta 1998, p. 159. Arendt solo conoció la prensa y la radio. Hoy se dice que Internet facilita la transparencia. En cierto modo sí; quizá por su novedad. Pero Internet depende de grandes poderes oligárquicos.

IX

Puesto que el pensamiento político occidental es tan griego por su origen como la filosofía de la que nació, aunque la tradición jurídica concreta fuera romana, hay que referirse a los griegos para abordar la cuestión de la oligarquía. Los griegos concibieron por vez primera la posibilidad de un orden político «constituido sobre sus propios supuestos», al descubrir o caer en la cuenta de que la libertad colectiva es la verdad fundamental de la política[37]. La Polis, en tanto forma política, no se concebía «como un lugar construido como ciudad, sino como la ciudad común y comunidad de ciudadanos [...] en que el hombre en tanto hombre era capaz de realizar la actividad vital de su ser humano y sus posibilidades con su propio poder y obrar»[38]. Vivir políticamente era para los griegos el *modo de vida* de los hombres libres. Y la lucha por la libertad política o colectiva ha sido desde entonces una constante

---

[37] «La aparición del orden político en la historia tuvo lugar entre los milenios IV y III, como un fenómeno necesariamente vinculado a las altas culturas... Sin embargo, la conciencia de que existe un orden político constituido sobre sus propios supuestos, la formación de una teoría política destinada a su entendimiento y, en general, una racionalización de la «cultura política» en el sentido que la politología, para la que lo Político —el Estado— se reduce a un proceso, suele dar a este concepto, solo aparecieron por primera vez en la Grecia del siglo IV a. C. Mito y razón son dos formas de estar y de orientarse en el mundo, que, por tanto, dan origen a dos esquemas interpretativos», M. García-Pelayo, op. cit., pp. 11-12.

[38] J. Ritter, *Metaphysik und Politik. Studien zu Aristoteles und Hegel,* Suhrkamp, Frankfurt am Main 1969, p. 71 y, p. 59.

de la historia política europea con los naturales altibajos. Es uno de los motores de esa historia y, por derivación, la de Occidente, mucho más intensamente histórica que la de las demás culturas y civilizaciones.

Decía Aranguren que lo fundamental sociológicamente son las fuerzas políticas reales que hay «detrás» del aparato del Gobierno; muchas de ellas invisibles como tales fuerzas, limitadas aparentemente a los partidos. Mas, debido a esos antecedentes, la falta de claridad sobre la significación universal de la oligarquía como una ley general que rige lo Político y la Política se debe seguramente a que los griegos, atenidos por su falta de sentido histórico al criterio de las formas puras o buenas del gobierno como formas sanas de la Polis, es decir, como «formas políticas»[39] o de lo Político en las que reside su *poder visible*, no las distinguían prácticamente de las formas de régimen, el lugar del poder invisible. La clave para entender el carácter universal de la ley de hierro es, pues, la diferencia entre formas de gobierno y formas de régimen. Reside en estas últimas la *influencia*, el poder o los poderes informales, invisibles como tales poderes: los principios de legitimidad, «genios invisibles» que condicionan o determinan el ejercicio del poder formal[40]. Los gobernantes son con frecuencia personas interpuestas, las instituciones jurídico-políticas «superestructuras», y los poderes

---

[39] Nicolás Pérez Serrano reconocía que la expresión «forma política», siendo «siempre vaga e inconcreta, podrá utilizarse, aunque no lo haremos sino con parquedad y cautela, para aludir al concepto genérico en que entran por igual la forma de Estado y la forma de Gobierno, para diferenciar, por ejemplo, problemas de *forma política* y problemas de *actividad política*», N. Pérez Serrano, *Tratado de derecho político*, p. 268. Cf. la discusión sobre el tema en los parágrafos siguientes. La forma de Estado alude a la configuración de la representación externa de la estatalidad, y la forma de gobierno a la interna.

[40] «Entre todas las desigualdades humanas —escribe Ferrero— ninguna tiene tanta necesidad de justificarse, de explicarse ante la razón, como la desigualdad que se deriva del fenómeno del poder, del hecho de la dominación de unos hombres por otros hombres». Pues, «salvo raras excepciones, un hombre vale lo que otro hombre. ¿Por qué unos asumen entonces —se preguntaba Ferrero— el derecho a mandar y han de conformarse otros con el deber de obedecer?», G. Ferrero, *El Poder*, p. 30.

legislativo y ejecutivo simples delegaciones de poder; lo mismo que el judicial cuando está completamente degradado el *êthos* que sustancia el orden social.

Contribuye al embrollo y a la ocultación, el tópico de que está obsoleta la clasificación tripartita griega Monarquía, Aristocracia y Democracia (y sus contrarias). Escribe Loewenstein: «indiferentes al contenido ideológico incorporado a las instituciones gubernamentales, las clasificaciones tradicionales se fijan tan solo en la estructura externa del gobierno y dejan de lado la propia dinámica del proceso del poder»[41]. No obstante, solo es verdad en cierto modo y hasta cierto punto, pues no se trata solo de la ideología sino de la naturaleza de los elementos oligárquicos, a menudo contradictorios entre sí, que constituyen el régimen o sociedad política y sus relaciones de fuerza.

Maquiavelo, buen conocedor de la historia y el pensamiento antiguos, especialmente el romano, había empezado a sustituir esa clasificación quizá rutinariamente —su *stato* era formalmente republicano y materialmente monárquico—, por la distinción entre Monarquía y República. No tuvo mucho eco —Cromwell, Norteamérica—, hasta la revolución francesa por la influencia de Norteamérica, la de la literatura romana, la torpeza de la Monarquía y porque sería como separar el régimen, cuya estructura suele ser «republicana», del gobierno, cuya estructura es más bien monárquica. Georg Jellinek, el gran teórico del Estado de derecho, la consideró esencial. No obstante, ese criterio se ajusta bastante bien a la historia de las formas del Estado, pero no a las del régimen.

Por su parte, el historiador del Derecho Michael Stolleis, prescindiendo de las distinciones entre Estado y Gobierno, y formas de gobierno y de régimen, escribe: «de las formas del Estado de Aristóteles solo han quedado dos, la democracia y la dictadura. Incluso la dictadura se llama hoy a sí misma democracia, pero tiene buenos motivos para no tolerar debates teóricos, sino

---

[41] Ib., p. 45.

reprimirlos. De modo que solo queda la democracia por más que la vieja Europa tenga aún algunas jefaturas monárquicas»[42].

Esos criterios son inferiores al griego en el plano de la historia universal, en la que resulta más útil la revisión por Montesquieu de la clasificación tradicional[43], teniendo en cuenta aquellas distinciones. En lo que concierne a la oligarquía, puede ser una forma del gobierno o una forma de régimen pero, salvo metafórica o retóricamente, ni la monarquía ni la democracia pueden ser regímenes: la ley de hierro hace que la oligarquía monopolice el concepto régimen. Como tal, condiciona la actividad de los gobiernos, normalmente la legislativa. Si condiciona intensamente la ejecutiva, puede ser al mismo tiempo la forma del gobierno. Marx lo entendió así y en la realidad concreta de hoy en día se da también esa coincidencia.

[42]   M. Stolleis, *La textura histórica de las formas políticas,* Marcial Pons, Madrid 2011, pp. 72-73.

[43]   Cf. K. Loewenstein, op. cit., pp. 45-46.

X

En cuanto a la democracia, la contemporánea es completamente distinta de la griega. Se solía describir como «multitud desorganizada», «ley de la calle», o incluso «gobierno de la mafia» (H. H. Hoppe), y se pensaba que, como ocurrió en Grecia, abocaba a la demagogia y la tiranía y los europeos la rechazaron prácticamente hasta el siglo XX. Si, como mostró Tocqueville, Europa comenzó a pasar en la Edad Media —hacia el siglo XI— del estado aristocrático de la sociedad al estado social democrático, ¿hasta qué punto la concepción griega no retrasó, y sigue retrasando, su aceptación real, no retórica, en Europa?

Aparte de los recelos que pueda despertar como forma del gobierno, podría ser una explicación que en la Edad Media prevaleció la tradición republicana griega y romana en la que encajaban las monarquías feudales, de origen germánico, que eran electivas. Sin embargo, el ejemplo del Papado que, coherente formalmente con la naturaleza comunitaria de la Iglesia (como *communitas*, comunidad espiritual, no como *koinonía*, comunidad natural, de sangre), llegó a ser materialmente, como forma política, un Estado; la recepción renacentista del ideal de la Polis como un todo integrado frente a la dispersión feudal; y la costumbre por razones prácticas de transmitir hereditariamente la corona dentro de las Casas dinásticas, impulsaron la idea del Estado[44]. Al mismo Hobbes se le escapó que el *deus mortalis* es una máquina homogeneizadora y, al caer en Francia la monarquía, condicionó las ideas europeas sobre la democracia como forma del gobierno y de régimen. Inspirado por la Polis, Rousseau los había mezclado en su doctrina de la voluntad general y en Europa se llegó a la república partiendo de la democracia como opuesta a la monarquía. Los estadounidenses partieron en cambio de la república siguiendo a Montesquieu, para establecer la democracia como la forma del régimen y así resulta que Norteamérica no es una Democracia republicana sino un gobierno republicano democrático, una República democrática.

En Grecia, no podían existir en las unidades compactas, muy integradas, que eran las polis ni la sociedad civil[45] ni la representación, origen de la sociedad política. Ciudadanos, *politai*, eran solo los hombres libres, relativamente pocos en relación con la población total de la Polis, vinculados a la Ciudad por la sangre —la *phylía*, como en general en todas las culturas no cristianas—, que disponían de suficiente ocio para participar (democracia directa) en las discusiones del ágora en orden a formar la razón y la voluntad comunes o colectivas de la Ciudad. Su escaso número posibilitaba mitigar la ley de hierro mediante el sorteo (corrompido, según Aristóteles) de los cargos públicos. Con todo, lo que preocupaba más a los demócratas atenienses era moderar la influencia de las familias más ricas en las instituciones[46].

---

[44] Cf. D. Negro, *Historia de las formas del Estado. Una introducción*, El buey mudo, Madrid 2010.

[45] «La sociedad civil cobró forma cuando la Iglesia abandonó el gobierno, o el gobierno del cuerpo político, o fue rechazada, para ocupar su nuevo lugar como un elemento esencial de la sociedad civil», P. Manent, *Cours familier de philosophie politique*, Fayard, París 2001, p. 28.

[46] Alford dice en el artículo citado sobre la ley de hierro en Atenas que la participación tampoco controlaba esa ley, debido a que los oradores monopolizaban la retórica. El mecanismo que mitigaba la oligarquía era la manera en que la participación hacía irrelevantes e incompetentes *políticamente* las instituciones excepto la asamblea, controlada por los demócratas, más numerosos, pues más del 60%, aproximándose al 75%, de los ciudadanos eran demócratas y el resto, oligarcas. Se llamaba oligarcas (algo así como hoy se dice fascistas,

Lo reducido del número de hombres libres y ciudadanos en el mundo antiguo, se debe en parte a que la Polis descansaba en la institución de la esclavitud, en violento contraste con el hecho moderno de que el trabajo ha dejado de pertenecer a la esfera estrictamente privada convirtiéndose, en palabras de Arendt, en «un hecho público-político de primer orden» que, dicho sea de paso, apenas se reconoce en la Europa actual, donde se ha inventado un derecho especial, es decir, privilegiado (si odioso o favorable en tanto ley particular, para un grupo, no es ahora la cuestión) regulador de las relaciones laborales. Ese acontecimiento ha alterado el alcance y el significado de la política al perder sentido la *philopsychia*, el amor a la propia vida, que distinguía la vida del esclavo de la del hombre libre[47].

En consecuencia, aceptada la trascendencia política del trabajo, la democracia política moderna se reduce —es decir, debiera reducirse—, en poblaciones numerosas, a las reglas de juego preliminares o formales a las que han de atenerse los representantes elegidos por la mayoría en virtud del principio de la igualdad formal o jurídica universal de todos[48]. Representantes que *debieran* atenerse al mandato imperativo de sus respectivos electores, cuyo número imposibilita su participación en la formación de la voluntad jurídica y política.

extrema derecha, incluso liberales, etc.) a quienes no eran demócratas (cf. Alford, op. cit., pp. 298-299). Por otra parte, según Aristóteles, en el tiempo de Pericles recibían pagas de la Polis como soldados, marinos, jurados, magistrados, etc., unos 20.000 hombres de los aproximadamente 38.000 ciudadanos. La democracia consistía, en definitiva, en que los ciudadanos controlaban la administración, llegando prácticamente todos ellos a ocupar algún cargo administrativo durante un año de su vida. Es decir, la clave era la separación del liderazgo político de la administración, aunque el resultado fuese una administración mediocre y en conjunto con una alta dosis de corrupción. Cf. pp. 299 y ss.

47   H. Arendt, op. cit., p. 26. Arendt distingue la labor, que corresponde al proceso biológico del cuerpo humano, del trabajo, que proporciona un mundo artificial de cosas. Cf. *La condición humana*, Paidós, Barcelona 1993.

48   La democracia, «en tanto contrapuesta a todas las formas de gobierno autocráticas», se caracteriza «por un conjunto de reglas (primarias o fundamentales), que establecen *quien* está autorizado para tomar las decisiones colectivas y bajo qué *procedimientos*», N. Bobbio, *El futuro de la democracia*, Fondo de Cultura, México 1984, p. 14.

XI

L. Rodríguez Dupla sugiere[49] que Leo Strauss diría, seguramente, que la incapacidad de comprender el pensamiento antiguo —o la falta de atención al mismo— constituye una causa principal del desconcierto del pensamiento político. «Las ciencias sociales —escribía Strauss en otro lugar— no harán honor a su pretensión si no alcanzan una comprensión genuina de la filosofía política propiamente dicha y, por ende, ante todo, de la filosofía política clásica»[50]. No le faltaba razón, puesto que los griegos no solo descubrieron la posibilidad de la política, sino que fundaron la filosofía de la política como «arte arquitectónico» a la vez que medicinal y parte de la política democrática[51].

---

[49] Cf. la Presentación de su traducción de *Sobre la tiranía* de Strauss (Encuentro, Madrid 2008). Strauss pensaba, por cierto, que el totalitarismo es una variante de la tiranía clásica. Pero es de una especie distinta, pues el medio natural del totalitarismo es la democracia en el sentido moderno, ya que la igualdad *natural* de todos —promovida por la religión cristiana— intensifica la politización. J. L. López Aranguren decía que el totalitarismo es la politización total de la existencia, perseguida por las élites mediante la moralización del Estado. Cf. *Ética y política*, Guadarrama, Madrid 1968, p. 1257 y p. 181. Presupone también el cristianismo, en tanto el objetivo final de la politización totalitaria consiste en la destrucción o, por lo menos, dominación, control o tergiversación de la conciencia: «La destrucción de la conciencia es el verdadero supuesto de una sujeción y de un dominio totalitario», J. Ratzinger, *Iglesia, ecumenismo y política*, p. 183.

[50] L. Strauss, *La ciudad y el hombre*, Katz, Buenos Aires 2006, p. 21.

[51] Cf. C. Farrar, *The Origins of Democratic Thinking. The invention of politics in classical Athens*, Cambridge University Press, Cambrigde 1988.

Lo obsoleto de la división tripartita de las formas del gobierno es la visión que tenían los griegos de la realidad, correspondiente a la fase de la estructura mítica de la conciencia[52]. La Polis era para ellos como un fenómeno de la Naturaleza del que resultaba una comunidad o *koinonía* natural de hombres y dioses. Como todas las ciudades antiguas, era incluso materialmente una Ciudad-templo en la que moraba lo divino, fundamento, causa y principio de la realidad[53].

Platón presentó el cosmos en *Timeo* como un «animal eterno» del que proceden todos los seres vivos y describió la Polis como un *macroanthropos,* una suerte de hombre magno cuyos órganos principales eran los ciudadanos, que, por ende, le pertenecían[54]. Los hombres nacían y estaban insertos en la Polis como una parte de la Naturaleza y, si tenían la condición legal de libres, podían ascender de la mera vida natural a la vida política, *donde* podían disponer de su vida como individuos bajo el *nomos.* En la célebre definición aristotélica del *anthropos* perfecto como *zoon politikón*, la palabra *politikón* aludía al modo de vivir en la Polis, diferente al de los animales y los hombres que no vivían en polis. Para ellos, estos últimos eran bárbaros (*barbaroi*, de *wir-warr*, expresión con que remedaban los lenguajes no griegos). La Ciudad era para los griegos el modo de vida más elevado y perfecto que podía alcanzar y concebir el animal humano, siendo el *polités* o ciudadano el hombre perfecto. Orgullosos de su libertad colectiva dentro de su arcaizante visión naturalista de la ciudad, no solo cayeron en la cuenta de la posibilidad de la vida política —la vida en la Polis—, sino que la ordenaron y, en este sentido, la política sigue siendo griega[55].

---

[52] Cf. J. Gebser, *Origen y presente*, Atalanta, Gerona 2011; V. Sorrentino, op. cit.

[53] Cf. J. Rykwert, *La idea de la ciudad. Antropología de la forma urbana en Roma, Italia y el mundo antiguo*, Sígueme, Salamanca 2002.

[54] Para todo esto, cf. E. Rudolph (ed.), *Polis und Kosmos. Naturphilosophie und politische Philosophie bei Platon,* Wissenschafliche Buchgesellschaft, Darmstadt1996.

[55] Cf. Ch. Meier, *Die Entstehung des Politischen bei del Griechen,* Suhrkamp, Frankfurt am Main 1980. Los griegos no organizaron la vida política,

La vida política era la causa de su sentimiento de superioridad respecto a los demás pueblos. Pues, al desconocer la libertad política —la posibilidad de participar los libres como iguales en la ordenación racional de la vida colectiva—, sus gobiernos eran despóticos. De ahí su horror al cambio y su incapacidad para ver que la degeneración del espíritu de la Polis a causa del auge de la tendencia oligárquica fuese otra cosa que la corrupción natural de los seres vivos. Por la misma razón, tampoco podían aceptar que pudiera ser la dictadura un remedio o medicina circunstancial, puesto que esta forma excepcional del gobierno suspende o suprime la libertad política y, con ella, la ciudadanía, que eran la sustancia de las Polis, la cultura y la civilización griegas en su cénit.

El hallazgo de la libertad política y su correlativa, la ciudadanía como la perfección del hombre libre, les llevó a identificar forma de gobierno y forma política, pues concebían aquella como el aspecto visible de la *psyché* o principio vital de la Ciudad, su constitución, el alma que in-formaba, daba su forma, a la vida colectiva. Su ideal era la *politeia,* traducible aproximadamente como Ciudad constitucional, una república; pues la Constitución era la forma visible de la materia —*hylé,* algo así como estofa— de la Polis, en la que vivían los ciudadanos bajo el imperio de la ley, el *nomos,* trasunto y contrapunto de la *physis*[56]. Una Polis a la que *manca la forma,* diría mucho más tarde Maquiavelo, no es una verdadera *politeia.*

La Polis vivía en un eterno presente. Era la única forma *política* que conocían en la que existía la «facultad de moverse a voluntad» dentro de ella, que es como definía Aristóteles la libertad, la posibilidad de *politeuein,* de tener y llevar una existencia política

---

limitándose a *ordenarla.* Santo Tomás definía la ley como *ordinatio (ordinatio rationis ad bonum commune et ab eo qui curam utilitatis habet).* La *organización* de la vida política corresponde a la fase de la estatalidad. Parece haber sido Saint Simon quien divulgó ese término mecanicista.

[56] Cf. F. Heinimann. *Nomos und Physis. Herkunft ud Bedeutung einer Antithese im griechischen Denken des 5. Jahrhunderts,* Wissenscnschaftliche Buchgesellschaft, Darmstadt 1980.

participando activamente —visiblemente— en la ordenación de la vida colectiva. De ahí que las formas del gobierno y las del régimen tenían que ser idénticas a la forma política, sin perjuicio de reconocer que una Polis sana en la que imperase la virtud podía ser monárquica, aristocrática o democrática, como tres tipos de almas o constituciones buenas siempre que persiguiesen el *koinón ágathón*, el bien común[57].

En fin, la soberanía política de la Polis consistía según Aristóteles en el gobierno sobre hombres iguales, y de hombres iguales, en tanto libres políticamente o autorizados a moverse según su voluntad. Tucídides caracterizó la Constitución fundada en la igualdad legal (*isonomia*) como la forma política correcta.

Retrospectivamente, el problema de la política griega consistía en que adolecían de conciencia histórica que, lo mismo que la consciencia, no es consecuencia de la existencia como pensaba Marx. En su lugar, creían en la *anaciclosis,* el ciclo temporal, para ellos eterno, pues se repetía monótonamente, de todas las cosas naturales que se repiten eternamente como degeneración, corrupción o disolución, retorno y restauración. La degeneración o corrupción de las formas buenas o puras, Monarquía, Aristocracia y Democracia en las malas o impuras, Tiranía, Oligarquía y Demagogia, u otras variantes que coartasen o suprimiesen la libertad política, que cualifica al libre como *polités* o ciudadano, eran para ellos enfermedades del alma o *psyché* de la Polis, la Constitución o *politeia* de las formas buenas, que precipitaban la degeneración de su modo de vida.

---

[57] Una excelente síntesis del espíritu de la Polis está en F. J. Conde, *Teoría y sistema de las formas políticas*, Comares, Granada 2006. También, cf. B. Knauss, *La Polis. Individuo y estado en la Grecia Antigua*, Aguilar, Madrid 1979.

XII

Los griegos *no inventaron la política*. La cultura naturalista griega, basada en la visibilidad, era arcaizante y, sin abandonar el mito, *descubrieron su posibilidad* al caer en la cuenta de que la libertad política y la ciudadanía eran consustanciales a la vida en la Polis o Ciudad Política y podían ordenarla mediante el *logos*, lo reuniente que ordena, para formar su razón o *logos*. Pero el creacionismo cristiano desterró la idea de la Polis como una entidad natural, un ser vivo, cuestionó la *anaciclosis* al separar el tiempo de la eternidad, distinguió entre hombre interior, el hombre de la eternidad y lo invisible, y el hombre exterior, el hombre de este mundo, y *descubrió* que *la conciencia* que sabe coexistía con el mundo de la consciencia que conoce[58].

A la ahistoricidad griega, pendiente del tiempo de los ritmos monótonos, cuya repetición era eterna, de la Naturaleza, sucedió la historicidad del tiempo como un aspecto de la eternidad, en el que el pasado tiene su propia realidad desrealizada distinta cualitativamente de la realidad del presente destinada a desrealizarse, y ambos a desrealizarse de las realidades futuras. Descubrió un mundo nuevo, el mundo histórico preñado de posibilidades inéditas, que sustituyó al mundo natural, y las formas políticas

---

[58] Los griegos descubrieron la libertad de pensamiento y el cristianismo la conciencia (cf. Lord Acton, *Ensayos sobre la libertad y el poder,* op. cit.).

antiguas y de los griegos se transformaron en formas históricas, o sea, histórico-políticas, y las formas de gobierno y de régimen, buenas o malas, en una suerte de tipos al estilo weberiano. Lo que tomaron los griegos por absoluto y permanente resultó ser, decía Santayana, relativo y temporario. Según eso, las formas históri-co-políticas, con o sin libertad política, y su correlativa la ciudadanía, han sido, son y serán incontables hasta el fin o la plenitud de los tiempos, reduciéndose la Polis a una más entre las innumerables formas histórico-políticas.

Las formas del gobierno siguen siendo lo perceptible de cada forma política o histórico-política. Pueden ser monárquicas, aristocráticas o democráticas más o menos puras o según sus degeneraciones y mezclas. Indican el número de los responsables del mando, y aunque no determinen necesariamente *el proceso* de la toma de decisiones, condicionan la ordenación u organización del poder al señalar a quién corresponde *decidir* pública o visiblemente sobre la vida colectiva. Decisión que es lo más político del mando político —distinto al mando patriarcal o en las familias—, de modo parecido a como lo esencial de la función judicial consiste también en decidir, en este caso sobre el sentido del Derecho —*sentium dire*, sentenciar—, al juzgar (*ius dicare*, indicar el derecho) en el caso concreto. La diferencia cualitativa entre la decisión política y la judicial consiste en que la primera afecta al conjunto de la vida exterior en común o pública: es una decisión del político en representación de todos, que afecta a la vida colectiva, no a particulares.

El régimen es la *estática* de la ordenación u organización política, que condiciona la dinámica del gobierno —*die Regierung ist Bewegung* (el gobierno es movimiento), decía Hegel—, sin perjuicio de que por la personalidad de los gobernantes —su fortaleza, prudencia y templanza (la justicia es asunto de los jueces)— sea más o menos autárquico respecto al régimen. No obstante, es siempre oligárquico en principio en virtud de la ley de hierro, o si se quiere aristocrático (o sus derivaciones), pues, como régimen, la democracia tiene un sentido muy relativo y la monarquía quizá ninguno, aunque Montesquieu les atribuía determinadas virtudes. La intensidad de la influencia del *êthos* y las virtudes cualifica el grado de oligarquización del régimen. Puede llegar un momento en que la oligarquía, cuyo secreto es la invisibilidad —la dificultad en determinar quiénes son los oligarcas—, se haga visible.

La dialéctica visibilidad/invisibilidad era casi impensable para los griegos, cuya cultura se basaba en la luminosidad de la realidad. Se dice que por la influencia del clima. Puede ser. Pero la metafísica es un esfuerzo por trascender lo visible y de ahí la concepción griega de la verdad como *aletheia*, hacerse patente lo divino de la Naturaleza, en contraste con la *'emunah* bíblica, verdad del corazón. Las formas de gobierno determinan la *figura* del orden político según el grado, nivel o alcance de la libertad política (a cuántos se les reconoce), la dimensión colectiva de la libertad consustancial a la naturaleza humana en tanto moral, que garantiza las demás libertades, sintetizables en libertades personales o individuales y libertades civiles o sociales. Una de las funciones de las formas del gobierno consiste en invisibilizar los poderes e influencias que determinan el régimen. La manera más corriente consiste en gobernar sin que se note el régimen, por lo que suele identificarse con la denominación de la forma de gobierno.

XIII

Al margen de la arcaizante particularidad griega, es perfectamente defendible el valor descriptivo, práctico, pedagógico e incluso definitorio, al menos formalmente, de la clasificación clásica de las formas del gobierno, que representan o simbolizan sistemas de poder establecidos. Lo importante es no confundirlas con las formas del régimen ni con la forma (histórica) política y reconocer que los regímenes son materialmente oligárquicos aunque no lo sean formalmente los gobiernos. Que las decisiones políticas se atribuyan a uno, varios o al pueblo (directamente, si es pertinente la democracia directa, o por medio de representantes con mandato imperativo si es indirecta), no modifica ese hecho, inherente a la naturaleza humana.

Por lo demás, una cosa es el poder y otra la influencia, si bien *la decisión política* es siempre personal, monárquica, que es lo que quiere decir Hans-Hermann Hoppe en *Monarquía, democracia y orden natural*[59]. De ahí que la Monarquía Constitucional sea una monarquía debilitada o residual y la Parlamentaria no lo sea en absoluto, sino como una suerte de ficción útil, que se justifica como prolongación de un estado de cosas en cuyo entramado oligárquico cumple un papel. Tenía razón Comte en que ambas formas de la monarquía eran fórmulas de transición a la república.

---

[59]   Publicado en Gondo, Madrid 2004.

La monarquía europea medieval era, en cambio, una auténtica monarquía, ya que, bajo la *omnipotentia iuris*, el Derecho como autoridad —entre los griegos la autoridad suprema era la *physis* o Naturaleza y de ahí la metafísica—, la función del rey no consistía en legislar, sino en declarar como juez el Derecho —de origen social, las costumbres— y en protegerlo y defenderlo. Dentro del Reino, era el juez supremo, ejerciendo la *auctoritas* como representante del Derecho, dignidad que unía a la *potestas* o soberanía ejecutiva suprema. La soberanía consistía en esta capacidad, sin que existiese nada parecido a un «poder» legislativo, que sería autoridad.

La Monarquía Absoluta, una forma dictatorial —se podría decir que «impura»— cuyo prestigio y derecho a la realeza se funda en la vinculación de las Casas dinásticas a la divinidad[60], rompió con la tradición monárquica-republicana europea al atribuirse el derecho de hacer leyes, alterando profundamente, dice Pierre Manent, la tradición política europea; y también la jurídica al añadir la de legislar a su *auctoritas* como juez. La estatalidad, un aparato o instrumento de poder construido por los reyes para hacerse

---

[60] Cf. Ch. Dawson, *Religión y cultura*, Sudamericana, Buenos Aires 1953, p. 130. La realeza conservó prácticamente intacto su carácter religioso, garantizado por razones únicamente históricas por la Iglesia, hasta entrado el siglo XIX, por otra parte con grave perjuicio para la religión, como es notorio en el caso de Francia. Hoy es insostenible y la Iglesia, coherente con el laicismo —la Encarnación, «dad al César lo que es del César y a Dios lo que es de Dios», «Hombre, ¿quién me ha instituido juez o repartidor entre vosotros?» (Lc 12,13ss.)—, no tiene nada que objetar a las formas republicanas. Regresa a las Escrituras: ante la insistencia de los israelitas en tener un rey para igualarse con otras naciones, dijo Yahwé, que no parece ser muy monárquico, a Samuel: «Atiende la voz del pueblo, pero adviértele antes cómo les tratará el rey que los gobernará». Y Samuel le dijo al pueblo: «Éste será el derecho del rey que va a reinar sobre vosotros: tomará vuestros hijos y los empleará en su carrera a guisa de caballos y les hará correr delante de su carroza [...] Utilizará a vuestras hijas como perfumeras, cocineras y panaderas [...] Se adueñará de vuestros campos, vuestros viñedos y vuestros olivares mejores, y los regalará a sus servidores [...] Exigirá el diezmo de vuestros rebaños, y vosotros mismos seréis sus siervos. Aquel día clamaréis a Yahwé para quejaros del rey que escogisteis, pero entonces no os escuchará Yahwé» (1 S 8). La única justificación de la Monarquía hereditaria es el derecho divino de los reyes, una doctrina de origen pagano. Sobre esto, cf. D. F. van Kley, *Los orígenes religiosos de la revolución francesa*, Encuentro, Madrid 2002.

absolutos, la modificó radicalmente cuando se emancipó de la monarquía sustituyéndola por el Parlamento como el soberano jurídico y político.

El reconocimiento de la sustancia oligárquica de los regímenes es una de las regularidades de la política de las que hablaba Gianfranco Miglio recogiendo ideas de Ostrogorski, y luego de Mosca y Pareto sobre la regularidad de la clase política. De ello se han hecho cargo empero la sociología política, muy influida por la norteamericana, ajena a los problemas europeos, y el derecho constitucional, invadido por aquella o reducido al formalismo jurídico, que descuidando la política ha sustituido al derecho político y tiende a prescindir de la sustancia de la clasificación clásica de las formas políticas.

Las formas de gobierno son una parte esencial de la filosofía política clásica, al menos como el aspecto formal de los regímenes, que son el aspecto material de la vida política. No obstante, es cierto que, sin perjuicio de la preferencia por el gobierno monárquico, el aristocrático o el democrático, las disputas políticas giran en torno al grado de oligarquización de los regímenes, pues, decía también Han Fei-tzu, «se debe gobernar conforme a las tendencias de los hombres». La forma del gobierno y el régimen coinciden en la oligarquía, cuando la oligarquización ha alcanzado una intensidad tal —generalmente a causa de la debilitación o degeneración del *êthos* y las virtudes correspondientes—, que da lugar a graves conflictos políticos. No es así cuando los oligarcas se someten al derecho establecido, no abusan del poder —por eso la moderación es la virtud que atribuía Montesquieu a los regímenes aristocráticos— y procuran mantener un equilibrio aceptable actuando como un auténtico *gubernetikós,* timonel, o gobierno[61]. Pues la función del

---

[61]   Para Maquiavelo, Montesquieu, Tocqueville, etc., es la religión lo que frena los apetitos y sostiene las virtudes. Hobbes, preocupado por los conflictos religiosos de su época, propuso una religión civil común —el precedente de la ideología—, relegando las confesiones religiosas a la esfera privada de la conciencia. La religión y las virtudes del *êthos* moderan la oligarquía. Montesquieu pensaba en eso cuando decía que la virtud correspondiente a un régimen aristocrático es la moderación. El utilitarismo al estilo de Bentham moderado por la religión y

gobierno, sea monárquico, aristocrático o democrático, e incluido el oligárquico y otras variantes, consiste en mantener el equilibrio como pedía Maquiavelo[62], de modo que la influencia y el poder de la oligarquía no sean tan intensos que corrompan la forma política hasta un punto en que no bastan las normas de la cortesía, las costumbres y el Derecho para contener la corrupción dentro de límites aceptables sancionables jurídicamente. De ahí que sea la prudencia la virtud principal del político, siendo la segunda la fortaleza para decidir si es preciso en circunstancias excepcionales, pues la misión del Derecho consiste en realizar la justicia.

---

las virtudes no utilitarias es compatible con que los gobiernos oligárquicos se interesen por el bien común (un criterio ético) o, por lo menos, por el interés general, un criterio político que conlleva el riesgo de reducirse a lo económico. Naturalmente, la eficacia de la religión en relación con la moderación, depende de que se trate de una religión auténtica. Montesquieu pensaba en el cristianismo. Falsas religiones como las ideológicas —por ejemplo la democracia *vivida* como una religión— no contribuyen precisamente a la moderación.

   [62]   Cf. J. G. A. Pocock, *El momento maquiavélico. El pensamiento político florentino y la tradición republicana atlántica,* Tecnos, Madrid 2002.

XIV

En el siglo XX no se ha hablado mucho de la oligarquía, salvo en los relatos históricos, retóricamente, o en sentido condenatorio para criticar a algún sistema de poder enemigo, no grato, o poco simpático. De acuerdo con Stolleis se habla en cambio continuamente de la democracia y la dictadura como las únicas alternativas posibles. Esta dicotomía forma parte de la vulgata del modo de pensamiento totalitario, doctrinalmente igualitarista, cuya idea del gobierno es completamente nueva. «Propongo aceptar el surgimiento y ascenso del totalitarismo como una forma de gobierno demostrablemente nueva», escribía Arendt[63]. Y como su componente utópico la presenta, además de innovadora, como «definitiva». Cualquier otra forma que no sea la democrática según la entienda el pensamiento totalitario, de profesión progresista, es una dictadura, por muy liberal que pueda ser. Es como lo de Borges sobre los comunistas, que afirman que ser anticomunista es ser fascista. Algo tan incomprensible, decía Borges, como decir que no ser católico es ser mormón. Las religiones seculares, políticas o de la política, son incompatibles entre sí. De ahí que se las llame también religiones de guerra.

---

[63] H. Arendt, op. cit., p. 22. Arendt pasaba prácticamente por alto la relación entre el cristianismo y el totalitarismo, que responde a la idea calvinista de realizar el Reino de Dios en la tierra.

Conviene hacer ciertas precisiones aunque sean muy someras, porque la crisis actual, en la que las oligarquías dirigentes social-demócratas, el socialismo *light,* están lapidando a las clases medias y con ellas a las naciones en nombre de la democracia, ha puesto sobre el tapete el tema de la oligarquía. Pareto era muy duro con la socialdemocracia que, como indica su nombre, pretende monopolizar la democracia. En su opinión, que puede haber influido en el relativo olvido y desconocimiento de su pensamiento, los líderes socialistas italianos eran «una aristocracia de bandidos».

En este sentido tiene interés echar una breve ojeada a algunas opiniones sobre la democracia contemporánea, repleta de mitos. El principal, el de la democracia como una panacea.

XV

Ortega había denunciado la «democracia morbosa» en los años veinte y, en 1949, previno a los estudiantes berlineses en su famosa conferencia *De Europa meditatio quaedam*[64], de que esa palabra «se ha vuelto ramera», pues cohabita con múltiples significaciones. Hace más de veinticinco años, un escritor norteamericano encontró unas seiscientas cincuenta definiciones de la democracia.

Decía también Ortega que la palabra «democracia» es hoy «estúpida y fraudulenta». Su uso cotidiano con cualquier motivo suena ya muchas veces como la invocación de una religión civil. «Antidemocrático» suena como pecado. John Dewey, cuya influencia ha sido enorme como educador de varias generaciones, entendía así la democracia que, debido en buena medida a la ideología «americanista»[65], ha degenerado de hecho en el fanatismo («la anulación de toda diferencia», decía Hegel) democrático. La palabra empieza a ser un tópico demagógico o una superstición. Eso reflejaría una insensibilidad hacia su contenido, que precedería a su declive. Hayek propuso sin éxito, por ese motivo, sustituir la palabra democracia por *demarchía* para librar su contenido del envilecimiento[66].

---

[64] Publicada en Revista de Occidente, Madrid 1960.

[65] Cf. los artículos sobre el tema de D. Castellano, M. Ayuso y J. Rao en *Verbo* 511-512 (2013).

[66] Un buen ejemplo del estado de cosas y del imperio del positivismo sociologista (políticamente estatista) es precisamente el del influyente

Algo gravísimo, pues, en un tiempo en el que no existen autoridades indiscutibles reconocidas, el principio de la libertad política o colectiva constituye la única garantía de las libertades. Los poderes intermediarios incluida la familia y las instituciones —salvo si están en manos de la oligarquía— están prácticamente controlados si no destruidos como tales poderes por el intervencionismo estatal. Sin embargo hay un problema: ¿es la libertad política el principio de la democracia como pensaba Platón, o es un principio más general, un presupuesto? Coincidiendo con Hoppe y otros autores, F. Karsten y K. Beckman niegan en un sugerente ensayo reciente sobre la democracia parlamentaria[67], que democracia signifique libertad y tolerancia: «uno de los mitos más tenaces en relación con la democracia consiste en que es lo mismo que «la libertad». Para muchas gentes, la libertad va de suyo con la democracia, igual que las estrellas acompañan a la luna. Pero de hecho, la libertad y la democracia son opuestas.

Los autores del panfleto *Beyond Democracy* apelan a la autoridad de Aristóteles, en cuya época la democracia no había sido sacralizada ni identificada con una religión: «la democracia ilimitada es, lo mismo que la oligarquía, una tiranía repartida sobre un gran número de personas»[68]. Para Aristóteles, la democracia como

---

constitucionalista Loewenstein, quien reducía en 1957 la «separación de poderes» —fundamental en la democracia política— por considerarla anticuada a la «separación de funciones» (K. Loewenstein, op. cit., pp. 54 ss.). A la verdad, la división de poderes se ha reducido a una formalidad sin sustancia allí donde el parlamentarismo es constitucional, ya que el ejecutivo controla el legislativo, y el judicial, si no directamente, a través de la legislación que está obligado a aplicar. La división formal y material de los poderes es liberal; pero la «democracia» igualitarista ha absorbido al liberalismo conservando aspectos formales. Decía Norberto Bobbio, que «el Estado liberal y el Estado democrático, cuando caen caen juntos» (N. Bobbio, op. cit., p. 18), y la mayoría de los regímenes actuales son inequívocamente oligárquicos, tendiendo a identificar el régimen con el gobierno.

[67]   Traducción francesa: F. Karsten / K. Beckman, *Dépasser la démocratie*, Institut Coppet, París 2013.

[68]   F. Karsten / K. Beckman, op. cit., p. 73. Los autores citan al economista J. T. Weders: «existe una diferencia entre la democracia y la libertad. La libertad no puede ser aprehendida por la posibilidad de votar, sino por el número de decisiones sobre las que no votamos».

gobierno del *demos*, al estar al servicio de los intereses de clase, devalúa el principio constitutivo de la Polis, lo común como una relación orgánica armoniosa de las partes con el todo[69], dejando la Ciudad de ser una *koinonía* o comunidad natural. Sin embargo, la palabra *demos* alude a la décima parte del total de los ciudadanos, pues la participación se ordenaba separando a los votantes en partes, calculando que cada barrio de la ciudad contenía la décima parte de los ciudadanos (*demos* equivaldría más o menos a barrio o al grupo formado por sus habitantes) y puede indicar el predominio de un barrio si sus habitantes, al preferir en bloque a los suyos, imponen la oligarquía.

Lo que sí es seguro es que una de las causas de la inoperancia de la democracia cuando no es contraria a la libertad y a la tolerancia natural —algo evidente sin necesidad de pruebas fehacientes en las democracias populares soviéticas y semejantes—, y de su creciente descrédito consiste, justamente, en la intuición de que facilita el reino de la oligarquía aunque no se miente esta palabra. El demócrata escéptico Zagrebelsky reconoce que es precisamente en la democracia donde el régimen político «se presta mejor a generar y mimetizar oligarquías». La célebre frase de Churchill, «la democracia es el peor de todos los regímenes exceptuando todos los demás», podría interpretarse como una manera cínica, o por lo menos irónica de sugerir que la democracia extiende la oligarquía al favorecer las ocasiones y proporcionar los medios para que todos puedan aspirar a ser oligarcas sin merma del sortilegio de la palabra. «Bajo la apariencia de la democracia, prospera en realidad una oligarquía», acepta P. Manent: «la minoría de los que poseen el capital material y cultural manipula las instituciones políticas en su propio beneficio»[70].

---

[69]   Cf. J. Fueyo Álvarez, «La degradación de la democracia», en *Razón Española* 53 (1992), p. 265.

[70]   P. Manent, *Cours familier de philosophie politique*, op. cit., p. 24.

XVI

Los holandeses libertaristas autores de *Beyond Democracy* defienden abiertamente la necesidad de abandonar la democracia esgrimiendo buenas razones desde el punto de vista de la libertad negativa: «Una de las grandes ilusiones políticas de nuestro tiempo es la democracia. Muchas gentes se creen libres porque votan. Oponen democracia y tiranía. Y como no viven en Corea del Norte o en Cuba, se creen libres. Pero tal como se ve hoy a los Estados modernos invadir la esfera privada como jamás anteriormente, cuando la expoliación ha tomado las formas que en modo alguno pudo imaginar un Bastiat en el siglo XIX, es que no funciona la democracia»[71].

La realidad es que, dando un paso más, los gobiernos actuales han sustituido la Legislación, palabra en cierto modo neutral, por la *Nomología*, la producción de normas al estilo soviético —la norma alude a la conducta— dirigidas expresamente a imponer conductas, inventando innumerables leyes que, además de los

---

[71] La libertad negativa es muy criticada por parte de quienes sostienen que la libertad no se reduce a ella. Dejando aparte las confusiones introducidas por I. Berlin, los críticos tienen razón en abstracto, teóricamente. Pero en la práctica la mayor amenaza viene hoy de la supresión de esa forma de la libertad. El ejemplo obvio es el Estado de Bienestar, devenido finalmente un Estado Minotauro, en que al «ciudadano», reducida su individualidad o personalidad a la masa, no le quedan más libertades que las del *panem et circenses* con que le entretienen los oligarcas.

explotadores sistemas fiscales socialdemócratas, que les permiten un control político exhaustivo complementario del policíaco pero más disimulado —el llamado «terrorismo fiscal»—, dificultan o imposibilitan multitud de relaciones e interacciones sociales completamente naturales y legítimas, como las relaciones conyugales o entre padres e hijos, las del agricultor con el cultivo de su tierra o sus bosques, el mismo lenguaje a través de las neolenguas ideológicas, etc., etc.; *1984* de Orwell, *Un mundo feliz y Revisión de un mundo feliz* de Huxley y algunos otros semejantes podrían ser su *vademécum*.

La democracia existente ha llegado a un punto en que, en nombre de la democracia, se prohíben mediante normas los actos más inocentes y elementales, empezando por la libertad de expresión, mientras se autorizan o imponen otros antinaturales como los relacionados con la «cuestión antropológica», *Ersatz* de la «cuestión social». La democracia se está reduciendo —se ha reducido ya en bastantes casos— a la corrección política definida y sancionada por los gobiernos con el asentimiento activo o pasivo de los gobernados infantilizados por la propaganda masiva, la educación en manos de los políticos y las costumbres del estatismo, entre ellas el clásico *panem et circenses*. Gobernantes y políticos no se libran del infantilismo: «en nuestra época, todo da la impresión de que la actividad política es infantil, incapaz de elevarse al nivel de otros progresos humanos», subrayaba ya Gaston Bouthoul en 1962. «Para las sociedades, ha llegado el momento de optar entre la edad adulta y la prolongación de la adolescencia, entre sus ansiedades y sus tempestades»[72].

Lo único que no se atreven todavía a decir públicamente los gobiernos «democráticos» o a plasmar como ley, es el célebre

---

[72] G. Bouthoul, *L'art de la politique*, Seghers, París 1962, pp. 16 y 42. La literatura sobre la infantilización política de las mentes está en aumento. Sobre sus causas, recientemente P. Sloterdijk retoma el tema de Burckhardt de *die schreckliche Simplifikateure* (los horribles simplicadores) en *Die schrecklichen Kinder der Neuzeit. Über das anti-genealogische Experiment der Moderne*, Suhrkamp, Frankfurt am Main 2014.

eslogan de Orwell «la libertad es esclavitud». Parodiando la «jaula de hierro» de Max Weber, no es demasiado exagerado afirmar que los gobiernos europeos están encerrando a sus súbditos en jaulas de cristal irrompible desde las que pueden contemplar el espectáculo de la sociedad política de las oligarquías, comentarlo sin traspasar la corrección política e incluso salir a pasear, cuando les convocan los oligarcas para cumplir el rito elemental que reserva para la masa la religión democrática legitimadora de la oligarquía: el voto. «La democracia es votar» es un eslogan que repiten los políticos a sus súbditos infantiles entre los que se reclutan los mismos políticos.

XVII

La forma del gobierno vertebra o pretende vertebrar el orden o régimen político, que es como la piel del orden social entero. Mientras no lo vertebre conectándolo con la sociedad civil mediante el Derecho justo, existirá una situación política; si lo vertebra, la situación se transforma en régimen u orden determinado por el ordenamiento jurídico. La cuestión es, dice Loewenstein, que no existe en absoluto una relación causal entre la estructura del mecanismo gubernamental y la localización fáctica del poder. La dirección de cualquier nación estatal yace independientemente de la institucionalización de su «forma de gobierno», en las manos de una minoría manipuladora constituida por los que ostentan el poder, sean los oficiales o los invisibles.

Igual que en toda organización colectiva, esta minoría maneja los hilos de la maquinaria estatal. Descubriendo esa oligarquía dominante y dirigente se penetra en el núcleo del proceso del poder. Los marxistas simplifican de boquilla esta situación extraordinariamente complicada, al presentar con su manera de pensar unilateral un esquema blanco-negro de la clase capitalista dominante y el proletariado explotado. Por otra parte, prosigue Loewenstein, «la teoría neopluralista de la dinámica socioeconómica y política tiende a insistir en el supuesto equilibrio de las fuerzas sociales concurrentes y a ignorar totalmente la existencia de una clase dominante»[73]. El historiador E. H. Carr escribe: «El utópico que sueña que es posible eliminar el egoísmo en política y basar un sistema político solo en la moralidad, no atina en el blanco, al igual que el realista que cree que el altruismo es una ilusión y que toda acción política se basa en el egoísmo»[74].

Schumpeter perdió muchas simpatías con su tesis de que la democracia es algo «residual». Pero Panebianco coincide recientemente con Stephen Krasner, en que lo que suele llamarse «democracia liberal» es «hipocresía organizada»[75].

En fin, la célebre frase de Lincoln, «la democracia es el gobierno del pueblo para el pueblo y por el pueblo», es un peligroso sofisma, pues omite los efectos de la ley de hierro. El *dictum* de Lincoln es una prueba de cómo la omisión o ignorancia de la ley de hierro induce al autoengaño[76].

---

[73] K. Loewenstein, op. cit., p. 47. Una dificultad es el carácter confuso de la élite dominante, cuando la forma de gobierno no es claramente oligárquica (obviamente, procura ocultarlo).

[74] E. H. Carr, op. cit., p. 151.

[75] Cf. A. Panebianco, *El poder, el Estado, la libertad. La frágil constitución de la sociedad libre*, Unión Editorial, Madrid 2009, p. 332. Salvo error, a pesar del objeto del libro, la palabra oligarquía no aparece ni una sola vez.

[76] Cf. V. Sorrentino, op. cit., pp. 119ss. Muy interesante J. Santayana, *Dominaciones y potestades*, Sudamericana, Buenos Aires 1944.

XVIII

Según la concepción clásica, lo opuesto a la democracia no es la oligarquía, sino lo que llamaban los griegos la demagogia o democracia radical en contraposición a la democracia moderada. La demagogia sobreviene cuando el régimen se ha impuesto al gobierno, por decirlo así, sin guardar las formas. Puede ser una forma de gobierno muy persistente y cohabitar aparentemente con las formas puras o buenas del gobierno. Comienza normalmente cuando su degeneración es tan intensa al derivar la oligarquía en plutocracia —el mando del dinero—, que el poder dinerario corrompe las instituciones —incluidas las más ajenas a la política como pueden ser las iglesias—, poniéndolas a disposición de los ricos, o bien adoptando la forma de oclocracia (la fórmula del populismo) cuando la degeneración de los que mandan, gentes mediocres y corrompidas extraídas de la masa, corrompe todo sistemáticamente, tanto la vida pública como la privada, utilizando el poder político[77]. Las democracias actuales tienden a ser oclocracias.

---

[77] Camille Desmoulins escribió en otoño 1793: «Se ha dicho que para prosperar en un país absoluto era un gran mérito ser mediocre. Veo que esto puede ser verdad en los países republicanos». Pero la democracia no favorece solo el protagonismo político de los mediocres, sino el de los audaces, resentidos, ignorantes, tontos, dementes y tarados, desalmados, etc.; el *Lumpenproletariat*, decía Marx, aunque muchos procedan de las clases altas y educadas.

«Nada impide, sabía ya Aristóteles, que la democracia aparentemente más segura, degenere en una tiranía»[78]. Pues, en el proceso de generalización o «democratización» de la oligarquía, se llega a un punto en que «todas las causas que hemos citado de la oligarquía pura y extrema y de la democracia radical, hay que referirlas también a la tiranía, pues éstas vienen a ser tiranías repartidas de la democracia radical»[79]. Suele ocurrir cuando se mezclan plutocracia y oclocracia en lo que llamaba Maquiavelo *lo stato licenzioso,* expresión muy adecuada para describir los Estados europeos actuales.

La tiranía democrática —la tiranía de la mayoría dirigida por los oligarcas— suele advenir cuando el Derecho, devenido mero transmisor de los deseos o caprichos de los gobernantes, no da ya seguridad imponiéndose la obediencia pasiva, no como obediencia política en el sentido de J. Freund, sino como antesala de la servidumbre voluntaria. Todo ello, por supuesto «en nombre del pueblo» y «por el pueblo y para el pueblo». La opinión política, decía Maurice Duverger, es siempre el resultado de la propaganda, que, por cierto, reobra sobre las élites. Pareto pensaba que era ésta una de las causas del declive inevitable de la democracia al hacer del gobierno un desgobierno, una suerte de desorganización organizada por las oligarquías en su beneficio.

Es interesante distinguir la dictadura de la oligarquía, pues democracia y dictadura no son *necesariamente* opuestas, como pretende el modo de pensamiento totalitario vigente que, viendo la paja en el ojo ajeno, condena sin más las dictaduras.

---

[78] J. Gray, *Misa negra. La religión apocalíptica y la muerte de la utopía,* Paidós, Barcelona 2008, p. 229.

[79] Aristóteles, *Política,* V, 1312 b. Sobre la interpretación aristotélica de la palabra tiranía, cf. Á. d'Ors.

XIX

«Mandar —decía Ortega— no es simplemente convencer ni simplemente obligar, sino una exquisita mixtura de ambas cosas». Es hacer que se haga algo. Prácticamente lo mismo que santo Tomás en el siglo XIII: «mandar es mover por la razón y por la voluntad». Mandar políticamente consiste en servir al pueblo, no en dominarle, entremeterse en su vida normal o natural o explotarle, y obedecer consiste en cooperar con el poder con confianza, lealmente —de acuerdo con la ley—, sin servilismo.

El mando dictatorial antepone la obligación al convencimiento, que viene por sí solo según los resultados, y para entender la oposición de los griegos a la dictadura es preciso tener en cuenta que concebían la política como un arte medicinal para curar los males de la vida colectiva, idéntica para ellos a la vida de la Ciudad. El dictador sería como el «cirujano de hierro» de Joaquín Costa. Mas, como se indicó arriba, al suspender o suprimir por definición la libertad política en la Polis, desaparecía la ciudadanía, y eso era para los griegos una forma bárbara de gobernar, un despotismo o una tiranía. Palabra esta última que designaba originariamente una forma monárquica, a veces como un cumplido, antes de que Platón y Jenofonte le dieran la connotación peyorativa que acabó por imponerse[80]. Al descubrir la política como el arte de sanar la Polis,

---

[80] Cf. A. Andrewes, *The Greek Tyrants,* Hutchinson University, Londres 1969.

los griegos, en vez apelar a la dictadura, discurrieron las formas mixtas de gobierno.

Hay tres interesantes ejemplos clásicos de la dictadura: uno, que sirve para ilustrar que la oligarquía como forma trascendental del gobierno no es condenable sin más, puesto que obedece a la realidad de la naturaleza humana es, paradójicamente, la Atenas democrática de Pericles, el general autor de la célebre *Oración fúnebre por los muertos en la guerra del Peloponeso* transmitida por Tucídides[81]. Europa ha heredado sobre todo de esa Atenas la idea de la democracia como la forma de gobierno más libre y, según eso, la forma perfecta del gobierno y del orden o régimen político.

La democracia ateniense fue posible gracias a que la sostenía en la trastienda el prestigio de ese general, una especie de dictador en la sombra o protector de la república ateniense —se podría decir, parodiando al socialista Indalecio Prieto, que demócrata a fuer de liberal—[82], con cierta semejanza con Cromwell, quien no quería ser dictador por cuestión de principios y se presentaba como protector de la primera República en el mundo moderno (duró diez años) en un espacio mayor que el de algunas pequeñas ciudades. Su fracaso ha debido influir en Montesquieu. Es muy conocida la ironía de Sócrates, nada absurda aunque no fuera del caso, de que quien mandaba en realidad en Atenas, no eran los demócratas

---

[81]   Es interesante esta observación —o especulación— de Strauss: «Tucídides, el historiador, estaba obligado a dejar que el Pericles de su obra elogiase a Atenas. Pero hizo todo lo que pudo para impedir que se confundiera la *Oración fúnebre* de Pericles con un elogio de la propia Atenas», L. Strauss, *La ciudad y los hombres*, p. 205. Tucídides era partidario de la política fundada en la libertad política, no de la democracia; podría decirse anacrónicamente, que fue un liberal.

[82]   «En su aristocrática independencia —escribe C. M. Bowra— siguió la política que consideraba justa, y en vez de anticiparse a los deseos del pueblo, intentaba primero infundir en ellos sus propios principios. Esto reflejaba su integridad moral, de la que su famosa incorruptibilidad en asuntos de dinero era un ejemplo más. Conservó en una época democrática un alto desapasionamiento que tenía visos de una sociedad más selecta. Esto marca casi todo lo que de él conocemos y lo distingue decisivamente de los que le sucedieron en la dirección de los destinos de Atenas», C. M. Bowra, *La Atenas de Pericles,* Alianza, Madrid 1970, p. 67.

sino la hijastra de Pericles, pues su mujer mandaba en el general y en ella mandaba su hija. Como observó Aristóteles, la democracia incluye, a diferencia de la oligarquía, a los ciudadanos más pobres y débiles, de modo que el prestigio de Pericles, un auténtico aristócrata, sirvió para que pudieran participar en la vida política.

El segundo ejemplo es el romano. Los romanos, un pueblo de juristas, tenían mentalidad campesina y aristocrática, mentalidades que suelen ir unidas. Y mientras en Grecia los *politai* o ciudadanos pertenecían a la Polis, en Roma, la Urbs, Civitas o Ciudad pertenecía jurídicamente a los *cives*, los ciudadanos[83]. Celosos del Derecho, eran menos arcaizantes y naturalistas que los griegos y tenían un sentido de la política fundada en el principio *salus populi suprema lex est*, más amplio, más concreto y más jurídico. Incluía el *ius vitae ac necis* (derecho de vida y muerte) como el símbolo de lo que podría llamarse entonces la soberanía del pueblo como depositario de la autoridad, institucionalizada en el Senado formado por los *patres conscriptii* y de la divinidad, los dioses de la Urbs.

En la Urbs, la dictadura era un recurso legal para afrontar las situaciones excepcionales. No se abolía el Derecho, pues actuaba de acuerdo con un estatuto jurídico especial (el famoso artículo 48 de la Constitución de Weimar era un remedo) consistente sustancialmente en extender a la vida civil en esos casos extremos la potestad de origen sagrado del *imperator*, el jefe militar que tenía en el campo de batalla la *potestas* absoluta, respaldada por la *auctoritas*, del *ius vitae ac necis*. A diferencia del juez, cuyo modo de sentenciar o decir el derecho viene de *dicare*, *ius dicare*, algo así como indicar el *ius*[84] —el juez, que es autoridad, no ejecuta—, la palabra dictadura deriva del verbo *dicere*: el dictador no indica, dice qué hay que hacer sin contradicción posible y además ejecuta.

La dictadura era para los romanos una pócima necesaria para salvaguardar la salud de la Ciudad, del *populus*, cuando, incapaces

---

[83] Cf. Á. d'Ors, «El no-estatismo de Roma».

[84] Cf. R. Domingo, *Teoría de la «auctoritas»*, Eunsa, Pamplona 1987, pp. 86 y ss.

de cumplir su función los *mores*, las costumbres éticas —la Cortesía, la *Sittlichkeit* hegeliana— y el Derecho, peligraba la libertad colectiva o bien peligraba la Ciudad por causas exteriores. Era una institución pensada para situaciones límite o excepcionales intensamente políticas al estar en cuestión la existencia de la Civitas. La voluntad expresa del dictador era ley en un sentido mucho más fuerte y abarcador que las sentencias judiciales, puesto que se referían a los intereses colectivos: a Roma como un todo. Solamente se le exigía que salvase la situación restaurando la normalidad, el orden jurídico-político que garantiza el orden social, en el plazo máximo de seis meses.

El objeto de la dictadura, fórmula tan intensamente política que al absolutizarla la sobrepasa, no consistía tanto en administrar la cosa pública, asunto relativamente secundario en esos casos, como en *decidir* lo pertinente a la *salus* —salud y salvación— de la Urbs. El dictador disponía al efecto de todos los poderes, con la reserva de que, si bien Aristóteles distinguió ya las ramas legislativa, ejecutiva y judicial, la antigüedad desconocía la división de poderes, impensable para los griegos y los romanos. Para ellos, el poder político era el «ejecutivo», el que manda y gobierna, no el que hace las leyes.

El tercer ejemplo es Inglaterra. Donoso Cortés observó que la dictadura se establece allí en situaciones excepcionales suspendiendo sin más trámite el principio constitucional *England abhorr coalitions* —al parecer ahora en decadencia— al unirse o aliarse el gobierno y la oposición sin distinguir entre los poderosos y los débiles.

La dictadura clásica es una *situación* intensamente política que suspende provisionalmente el orden o régimen político, pues el gobierno no tolera la menor oposición, ya que, dadas las circunstancias, queda en suspenso la libertad política en virtud del citado principio *salus populi suprema lex est*, a la vez que protege las demás libertades, siempre que no obstaculicen ese supremo principio político.

XX

En estos tiempos de inflación democrática, se olvida en cambio la dictadura democrática, típica de los gobiernos totalitarios, favorable retóricamente a los desfavorecidos y en la práctica oligárquica, despótica y tiránica[85]. Tocqueville y Stuart Mill previnieron contra ella utilizando una expresión menos dura pero exacta: la tiranía de la opinión pública —que James, el padre de Mill, consideraba infalible—, a causa del predominio de las pasiones igualitarias, más propias de los tiempos democráticos que de los aristocráticos[86]. Es importante advertir, que si ya Maquiavelo había negado la distinción entre rey y tirano (coincidiendo con el *Hierón* de Jenofonte), sustituyéndola por la figura del Príncipe, más neutral en tanto designa el actor político[87], el uso ha confundido, como se acaba de indicar, bajo la influencia de la ideología, la tiranía en su acepción peyorativa y la dictadura, de manera

---

[85] Cf., por ejemplo, G. Hermet, *El pueblo contra la democracia*, Instituto de Estudios Económicos, Madrid 1989.

[86] Es fundamental la distinción entre dictadura comisaria —para resolver la situación y proteger las libertades civiles y personales (que, no obstante, pueden quedar más o menos mermadas según los casos)—, y la dictadura revolucionaria, cuya finalidad es cambiar la sociedad, por lo que no respeta el Derecho ni distingue las formas de las libertades. En relación con esto, cf. C. Schmitt, *La dictadura. Desde los comienzos del pensamiento moderno de la soberanía hasta la lucha de clases proletaria*, Revista de Occidente, Madrid 1968.

[87] Cf. L. Strauss, *Meditación sobre Maquiavelo*, Instituto de Estudios Políticos, Madrid 1964.

parecida a como Montesquieu popularizó la confusión, no menos perniciosa para el análisis político, entre despotismo y tiranía, al servirse de la forma de gobierno persa para comparar y criticar subliminalmente la antiaristocrática Monarquía Absoluta, en rigor una dictadura comisoria hereditaria[88], que devino Despótica ilustrada después de Luis XIV[89]. El gobierno persa era en realidad despótico, lo que para los europeos de entonces, representados en este caso por los franceses, equivalía a tiránico.

En este orden de cosas, hay que sumar al predominio de la sociología sobre la política la idea, no menos neutralizadora, de Max Weber de la ciencia social *Wertfrei,* libre de valores, es decir, libre de consideraciones morales y éticas. El neutralismo inherente al modo de pensamiento político estatal ha desviado así la atención de conceptos como tiranía, despotismo, oligarquía y dictadura, debido a sus connotaciones «antidemocráticas» reales o emocionales[90].

Efectivamente, otra causa de que se hable menos de la oligarquía que de la dictadura consiste, sin duda, en que la mayoría de los regímenes que se presentan como democráticos son en realidad oligárquicos (se habla de democracia deficiente, de democracia precaria, de déficit democrático, etc.). Julien Freund consideraba ya impolíticos a la mayoría de los regímenes europeos en 1987[91]. En 2014 diría seguramente que son antipolíticos. El alemán Hans

---

[88]   Sin perjuicio de lo que dice Schmitt, cf. N. Henshall, *The Myth of Absolutism. Change and Continuity in Early Modern European Monarchy,* Longman Publishing, Nueva York 1992; R. G. Asch / H. Durchhardt (eds.), *El absolutismo (1550-1700), ¿un mito? Revisión de un concepto historiográfico clave,* IdeaBooks, Barcelona 2000.

[89]   Cf. D. Negro, *Historia de las formas del Estado,* op.cit.

[90]   Loewenstein ofrece una clasificación más sociológica que política de los tipos de *regímenes,* distinguiendo entre los autocráticos y los democrático-constitucionales, aunque todos tienen constituciones. Divide los autocráticos en autoritarios y totalitarios. Cf. K. Loewenstein, op. cit.

[91]   J. Freund, *Politique et impolitique,* Fayard, París 1987.

Magnus Enzensberger[92] y el francés Hervé Kempf[93], por ejemplo, discrepan de la corrección política al sostener sin reservas que la Unión Europea es un tinglado tecnocrático y burocrático al servicio de los gobiernos oligárquicos[94].

---

[92] M. Enzensberger, *El gentil monstruo de Bruselas o Europa bajo tutela*, Anagrama, Barcelona 2011.

[93] H. Kempf, *L'oligarchie ça suffit, vive la démocratie*, Éditions du Seuil, París 2011.

[94] La Unión Europea ha derivado en una suerte de confederación o sindicato de las oligarquías nacionales, que, para afrontar la crisis financiera y moral provocada por ellas, funciona como una sociedad de socorros mutuos con el objeto de sostener a los gobiernos sindicados. Bastantes de ellos han convertido el Estado en un centro de negocios comerciales de los oligarcas y de explotación legal del resto. La crisis actual lo está poniendo en evidencia.

XXI

Dejando aparte la anarquía que, como indica el prefijo *an*, carece de principio y por tanto de forma, en la clasificación griega de las formas de gobierno, monarquía y oligarquía son las únicas que aluden a la autoridad; las demás se refieren al mando. Desde el punto de vista del mando, debiera decirse monocracia y oligocracia.

En efecto, igual que *monarquía* se compone de las dos palabras griegas *monos*, que significa uno, y *arkhos*, de *arkhé*, principio, principal, autoridad por ser forma originaria, ocurre lo mismo con la palabra *oligarquía* en la que *oligos* significa pocos[95]. Es la autoridad de varios, lo que desde el punto de vista del mando se significa más exacta y neutralmente con la palabra *oligocracia*, pues *cracia*, de *kratos*, es mando, del verbo mandar, *krattein*. No obstante, se utiliza menos que oligarquía en la que *arkhos* encierra, en cierto modo correctamente de acuerdo con la referencia de Ferrero a los genios «invisibles» de la Ciudad, la idea de *auctoritas*, en tanto

---

[95] Cf. Á. d'Ors, *Forma de gobierno y legitimidad familiar*, Ateneo, Madrid 1960. Lo que dice d'Ors sobre la Monarquía hereditaria puede aplicarse igualmente a la Oligarquía, que sería más antigua que la palabra Aristocracia. Conforme a su razonamiento, Monarquía y Oligarquía serían modos originarios de designar las formas del gobierno. Oligarquía aludiría el gobierno de los poderosos en tanto propietarios, señores naturales en el sentido de la palabra alemana *Herrschaft,* hasta que se transformaron en dominadores basados en el poder en el sentido de *Macht.*

alude al principio u origen natural incluyendo indirectamente el saber, propio de la *auctoritas* (igual que monarquía), en contraste con oligocracia, que se limita a indicar el número de los que mandan con o sin *auctoritas*. Ese vocablo, en realidad más un término que una palabra, igual que monocracia y las que aluden al mando como una función, es quizá más moderna que oligarquía, que tampoco debió ser peyorativa hasta que degeneró en la práctica democrática griega.

XXII

Gonzalo Fernández de la Mora es uno de los raros escritores políticos que han prestado una atención especial a la oligarquía en tiempos recientes. No distingue empero entre régimen, el lugar de las influencias y poderes sociales o indirectos[96], y gobierno, el lugar del poder político; pero la define como «la forma trascendental de gobierno»; «abarca», dice lapidariamente, todas las formas del gobierno[97]. Es decir, trasciende a todas las formas del gobierno, a las que es inmanente. Así pues, todo gobierno es inevitablemente oligárquico, tanto por su naturaleza como por su dependencia del régimen; pero puede intensificar o disminuir el grado de oligarquización y por tanto de parcialidad.

El objetivo teórico de la democracia es la desinmanentización de la oligarquía, aunque en la práctica podrá solo contenerla o disminuirla en la medida en que sea efectiva la libertad política. Según la experiencia, la oligarquía es aceptable mientras no rebase los límites, ciertamente imprecisos, de lo tolerable según el *êthos;* depende del estado de las virtudes[98].

---

[96]   Cf. C. Schmitt, «Coloquio sobre el poder y el acceso al poderoso».

[97]   G. Fernández de la Mora, *La partitocracia,* Instituto de Estudios Políticos, Madrid 1977, p. 83.

[98]   Sobre el *êthos* —el carácter o la personalidad colectiva— como el lugar donde verdaderamente mora, habita, reside el hombre, cf. J. L. L. Aranguren, *Ética,* Revista de Occidente, Madrid 1959; M. Granell, *La vecindad humana. Fundamentación de la Ethología,* Revista de Occidente, Madrid 1969.

La oligarquía no coincide con la clase social, como pensó erróneamente Karl Marx. Confundiendo oligarquía y clase social, Gramsci sostenía exageradamente que, de hecho, todo gobierno es dictadura más hegemonía cultural: el régimen —que el escritor italiano transformó en la sociedad política— enlaza el poder político con el ámbito de lo prepolítico (la sociedad civil en el sentido gramsciano, más amplio que el hegeliano-marxista), en el que reconocía la función fundamental de la religión[99], y la cultura hace que la opinión pública lo reconozca (o no) como poder público. De ahí el papel fundamental que atribuye a la cultura en la lucha política.

Ahora bien, sin faltarle razón en casos concretos y a largo plazo, Gramsci se equivocaba al afirmar dogmáticamente que «la conquista del poder cultural es previa a la del poder político», debido a que identificaba prácticamente la ideología, en tanto religión secular (en el sentido de Aron), con la cultura[100]. Los hechos demuestran que la posesión del poder político facilita la conquista del poder cultural para aumentarlo y transformarse en dictadura empleando lo que llamaba Aranguren «la persuasión coercitiva».

---

[99]   «En el interior de la sociedad —decía Gramsci— se verifica lo que llamaba Croce 'el perpetuo conflicto entre la Iglesia y el Estado', en el que Iglesia viene a representar la sociedad civil en su conjunto [...] y el Estado representa [como sociedad política] todos los intentos de cristalizar permanentemente una determinada fase de desarrollo, una determinada situación», A. Gramsci, *La política y el Estado moderno*, Planeta, Barcelona 1985, p. 158. Sin embargo, la Iglesia, controlada directa o indirectamente por el Estado, no representa hoy a la sociedad civil. Minada o seducida por el modernismo, un pseudocristianismo que recuerda vagamente el nuevo cristianismo de Saint-Simon, un cristianismo para este mundo, y la democracia, oscilante en si su prioridad es el cielo o la tierra, se la ha entregado sin demasiada resistencia.

[100]   Gramsci vinculaba la cultura al sentido común, que determina «el nivel de cultural de las masas». El sentido común «es la filosofía de los no filósofos, la concepción del mundo absorbida acríticamente por los distintos ambientes sociales y culturales en que se desarrolla la individualidad moral del hombre», citado en G. Moget, «La concepción de la cultura en Gramsci» en P. Togliatti / C. Luporini / G. della Volpe y otros. *Gramsci y el marxismo*, Proteo, Buenos Aires 1985, pp. 120-121. Para Gramsci era fundamental la dominación o *control del sentido común* por los «intelectuales orgánicos» a fin de conseguir la «hegemonía» cultural en la sociedad civil, origen y causa de la sociedad política.

Maquiavelo, tan admirado por Gramsci, sabía muy bien que la política tiene tres aspectos muy distintos, que pueden ser fases sucesivas: conquistar el poder, conservarlo y aumentarlo. La conquista depende de la *virtú* del príncipe, el hombre político, *il príncipe* o principal; la conservación es asunto de la prudencia política; y aumentar el poder puede ser un asunto muy peligroso si choca con otros poderes exteriores. Aumentarlo a costa de la sociedad es la tentación de las oligarquías cuando «cristalizan» en el sentido de Pareto, mezclando y confundiendo el gobierno y el régimen.

Lo cierto es que históricamente, como decía James Bryce, el mundo no ha conocido más forma de gobierno que el de unos pocos y que todo gobierno necesita el apoyo de la opinión. En el siglo XVIII, escribió David Hume en su brevísimo y suculento ensayo «Sobre los primeros principios del gobierno»: «La opinión es el único fundamento del gobierno, y esta misma alcanza igual a los gobernantes más despóticos y militares que a los más populares y libres». Lo ejemplificaba así: «El sultán de Egipto o el emperador de Roma pueden manejar a sus inermes súbditos como simples brutos, a contrapelo de sus sentimientos e inclinaciones; pero tendrán que contar al menos con la adhesión de sus mamelucos o de sus cohortes pretorianas»[101].

«Incluso el poder más omnímodo y colosal quebraría en pocos instantes y sus más eficaces e imponentes instrumentos quedarían automáticamente reducidos a la nada, si por un momento —decía G. Ferrero— todos sus súbditos, todos sus fieles subordinados, decidieran espontánea y unánimemente negarle obediencia». Por eso, escribe en otro lugar, «si los hombres temen siempre al poder al que están sometidos, también el poder que les somete teme siempre a la colectividad sobre la que impera»[102]. Lo confirmaba Gaston Bouthoul: «El jefe, cualquiera que sea el nombre por el

---

[101] D. Hume, *Escritos políticos,* Unión Editorial, Madrid 1975. Sobre la obediencia *política*, cf. J. Freund, *La esencia de lo político*, Ed. Nacional, Madrid 1969.

[102] G. Ferrero, *El Poder*, p. 87 y p. 41, respectivamente.

que se le llame, no gobierna solo. Todo político se apoya en un grupo favorecido. He aquí una segunda demarcación: por un lado, los grandes, aquellos que ocupan la cima de una jerarquía y se benefician de privilegios y derechos adquiridos; del otro, el pueblo. El arte político consiste, pues, en escoger entre diversas preponderancias: la de la plebe o la de las clases dirigentes; los guerreros o los clérigos, los funcionarios o los elegidos. ¿A quién contentar preferentemente y a quien sacrificar? ¿Cómo hacer reinar la armonía o algo parecido a la armonía entre tantos intereses opuestos? Y, sobre todo, ¿es preciso satisfacer a la mayoría o al partido que asume el poder, en detrimento de los demás y del porvenir de la comunidad entera? Otro aspecto de la autoridad política: toma una parte de los bienes de todos y la gasta más o menos a su gusto. ¿Pero cómo repartirla y como decidir? [...] ¿Gobernar mediante el desprecio, la solicitud o la inquietud, escoger entre los censores, los consejeros, los confesores y los aduladores? ¿Poner en su justo sitio a los favoritos, a las favoritas, a la policía, al ejército, al mecenazgo y a la inteligencia? ¿Marchar recto como una bala de cañón o variar como una pluma en el viento?»[103].

---

103   G. Bouthoul, op. cit, p. 12.

XXIII

Conforme a la máxima de Ovidio *ingenium mala saepe movent* (las cosas malas mueven el ingenio) el gran pensamiento político suele aparecer cuando las cosas van francamente mal. Y así ocurrió en Grecia, la cuna de ese modo o forma de pensamiento: la filosofía política nació como una necesidad de la crisis de la Polis, que iniciaba su decadencia, aunque los pensadores griegos la achacaran a la *anaciclosis*. «Todo lo que nace es digno de perecer», decía Goethe.

El primer filósofo político fue Platón, aunque, según Alberto Buela, es posible que el primer texto que habla de la distinción propiamente política sea un fragmento del presocrático Alcmeón de Crotona (a mediados del siglo V a. C.). Lo corrobora Heinimann, quien lo cita como el primero en interesarse probablemente por la medicina en relación con el *nomos*[104]. Tucídides fue también seguramente el primero en mencionar la oligarquía: «El pueblo —decía en su *Historia de las guerras del Peloponeso*— es la totalidad y la oligarquía solo una parte», la relacionada con los pudientes. Platón la fundó en *República*[105], obra de mala fama en tiempos

---

[104] Cf. F. Heinimann, op. cit., p. 174.

[105] Whitehead destacaba la importancia de *República*, diciendo que todo el pensamiento occidental es una serie de notas a pié de página de esa obra. Sobre quien fue el primer filósofo político hay quienes opinan, siguiendo a Cicerón, que fue Sócrates; Aristóteles decía que el planificador Hippodamo de Mileto y Strauss que fue Aristóteles, «el descubridor de la virtud moral». Cf. L. Strauss, *La ciudad y los hombres.*

no lejanos, precisamente por no entender, entre otras cosas[106], que la figura del filósofo rey, que une la autoridad y el poder[107], es precisamente el contrapunto a la oligarquía como una especie de dictador independiente, e incluso, según la interpretación de Arendt, de la misma política, limitada por abajo por la labor de la esclavitud y por arriba por la sabiduría de los filósofos[108].

Las Polis estaban muy enfermas y Platón concibió la política como el arte medicinal, basado en la experiencia de la vida, adecuado para sanar los males que infectaban el alma colectiva de la Polis igual que las pasiones las almas individuales. La causa más grave de la enfermedad de la Polis era la división entre ricos y pobres, entre los oligarcas y el resto de los ciudadanos manejados empero por la demagogia de oligarcas atenienses, los treinta tiranos que sucedieron a Pericles y condenaron a muerte a Sócrates por criticar la falsa democracia existente. Por eso suprime Platón la propiedad en perjuicio de los ricos, propone la comunidad de mujeres para evitar la influencia de los afectos y pone un médico al frente de la Ciudad ideal. Un rey que, como filósofo, palabra que significaba en aquellos tiempos «amigo de la sabiduría», es decir, imitador del saber propio de los dioses, que conocen intuitivamente la verdad de la realidad, es inmune a las emociones, los sentimientos, los afectos y los intereses, y busca el bien de la Ciudad, el *koinón ágathón* o bien común de todos los ciudadanos.

Partiendo de estas premisas, tras indagar en *El político* las posibles formas puras del gobierno de la Polis (como formas políticas),

---

[106]   Cf. D. Frede, «Platon, Popper und der Historizismus», en E. Rudolph (ed.), *Polis und Kosmos*.

[107]   La *auctoritas* se refiere al saber y, para los antiguos, la *physis*, la Naturaleza, cuya esencia es lo divino, era la autoridad originaria. De ahí los oráculos y los augures y, en contraposición, la figura platónica del filósofo rey. En las culturas monoteístas (judaísmo, cristianismo, islam), Dios es la *auctoritas* suprema, que se identifica en Él con el poder. En el cristianismo, la *auctoritas* corresponde a la Iglesia, siendo el papa, *vicarium Christi*, la *auctoritas* suprema terrenal en la católica. En el cristianismo protestante, la *auctoritas* está unida a la *potestas* temporal.

[108]   Cf. H. Arendt, op. cit., pp. 61-62.

reconoce Platón: «es difícil encontrar el rey ideal, el poder del monarca debe sustituirse por la dictadura de la ley» (302 a ss). En *Leyes* resolvió el problema de la oligarquía eludiéndolo al abordar cómo podría ser una Ciudad terrena buena. Para ello introdujo el Derecho reconociéndole autoridad —un anticipo de la *omnipotentia legis* de la tradición política occidental— a fin de que los hombres se atengan al «hilo de oro» de la ley, que al orientar la conducta mantiene el equilibrio en la vida colectiva. Inventó correlativamente la forma mixta de gobierno[109] combinando la sabiduría o *auctoritas* suprema del filósofo-rey (antecedente de los *Espejos de príncipes* corrientes en el siglo XV), que al ser uno garantiza también la unidad de la Polis, con la libertad política o *potestas* de la democracia de propietarios.

La forma mixta era para los griegos el equivalente a la moderna división de poderes, idea que surgió confusamente en el curso de la guerra civil inglesa (1640-1649), siendo el segundo paso la teoría de la Constitución equilibrada[110].

---

[109] Cf. E. Gallego, *Sabiduría clásica y libertad política. La idea de Constitución mixta de monarquía, aristocracia y democracia en el pensamiento occidental,* Ciudadela, Madrid 2009.

[110] Sobre estos precedentes, cf. M. J. C. Vile, *Constitutionalism and the Separation of Powers,* Liberty Fund, Indianapolis 1998.

XXIV

En todo caso, al ser muy pequeñas las Polis griegas y los *politai* o ciudadanos una fracción de la población total, la democracia de unos pocos era de hecho una oligarquía frente al resto. Algo así como lo que planteaba Hume en el ensayo citado, poniendo como ejemplo la Cámara de los Comunes inglesa, donde «el peso del poder» coincidía con «el peso de la propiedad», decían Bentham y Coleridge criticando la coincidencia de la oligarquía política con la plutocracia económica[111]. Este es el rasgo característico de la oligarquía como forma del gobierno: la unión del poder político y el económico; el gobierno de los adinerados, había dejado escrito Aristóteles en su *Política* (1291b, 7-13).

Hoy hay que añadir el poder de los medios de comunicación que permite hablar de la reducción de la democracia a la «democracia mediática». Cuando Tocqueville y Stuart Mill alertaban contra la tiranía de la opinión pública, solo existía la prensa

---

[111] Esto no impidió que los continentales admirasen la forma de gobierno inglesa a partir de la llamada «revolución gloriosa» por la historiografía *whig*, Macauley estableció que fue una revolución «conservadora». Siendo cierto en tanto conservó el *Common Law*, consagró la oligarquía como la forma del gobierno conforme a las previsiones de Hobbes. El historiador Steve Pincus se aparta recientemente de la historiografía *whig* en *1688. La primera revolución moderna*, Acantilado, Barcelona 2013. Sostiene que fue la primera y auténtica revolución moderna antes que la francesa; es decir, una revolución oligárquica, templada empero por el peso no de los números, sino de las tradiciones, entre ellas la del *Common Law*.

escrita, pero gran parte de la población europea era analfabeta, lo que la inmunizaba en cierto modo. Por otra parte, la democracia se circunscribía donde existía la esclavitud a una parte de la población, igual que en las Polis griegas. En Estados Unidos, todos eran ciudadanos salvo los esclavos hasta la guerra civil de Secesión. Además, sin perjuicio de las diferencias obvias, Europa coincidía formalmente en los mejores casos con los griegos en la restricción de la ciudadanía plena, es decir, de la libertad colectiva, a unas minorías (no seleccionadas por la *phylía*, la sangre), mientras existieron sistemas electorales censitarios. Tocqueville advirtió que, al ser muy distintas las condiciones norteamericanas para la democracia política, la europea estaba expuesta a pervertirse. Por otra parte (como se advirtió más arriba), la democracia es en Norteamérica una consecuencia de la República —algo que Montesquieu era incapaz de imaginar en una gran nación—, no al revés como en Europa, donde la promotora de las tendencias republicanas es la democracia.

Francisco Javier Conde meditaba en 1952: «Lo cierto es que uno de los instrumentos más manejables es el hombre mismo. La prensa, la radio, la televisión, la maquinaria de los partidos, las drogas, el ejército, la fábrica, el cine [no existía todavía Internet], son instrumentos con los que el hombre ejerce poder sobre los demás. Es una nueva manera de apoderamiento», concluía pesimista, que «alcanza a zonas más profundas del hombre, casi se diría que toca al hondón mismo de la persona. No es solo —explicaba— que los nuevos saberes y técnicas hayan acrecido el poder de dominación, lo han cambiado cualitativamente. A ese cambio cualitativo responde el modo totalmente nuevo como el hombre actual siente en sí mismo el apoderamiento». Se trata de «un nuevo tipo de obediencia: la obediencia como sumisión»[112].

Quizá le sobraba razón a Jean Madiran en que «ninguna sociedad sometida al régimen de información moderna puede a la larga

---

[112]   F. J. Conde, *Escritos y fragmentos políticos*, vol. II, Instituto de Estudios Políticos, Madrid 1974. pp. 153 y 155.

sobrevivir»[113]. Con todo, se criticaba entonces más duramente que hoy, en que prevalece «la obediencia como sumisión» pronosticada por Conde, el carácter oligárquico de los gobiernos. Solzhenitsin suspiraba por «vivir sin la mentira» y Vaclav Havel por «vivir en la verdad» y la gente les comprendía. Ahora, políticos impostores como Rodríguez Zapatero, aupados al poder por electores infantilizados por la propaganda, pueden afirmar sin causar mucha sorpresa, y callada la Iglesia, sin contradicción política o intelectual seria, que no es la verdad la que les hace libres, sino la libertad lo que les hace verdaderos. ¿La libertad política o la libertad del *panem et circenses* que dan a pastar las oligarquías?

---

[113]   J. Madiran, «Después de la revolución de mayo», en *Verbo* 67-68 (1968).

XXV

Además de los poderes intermediarios, más eficaces mientras no se corrompa el *êthos*, Montesquieu había propuesto como remedio la separación de poderes siguiendo a Blackstone, para contrarrestar la tendencia oligárquica del poder[114], sin tocar el fondo del asunto. Pues, como explica agudamente Odo Marquard, esa teoría constituye un caso especial de la división general de poderes que se da en la realidad[115] como

---

[114] Hablando de la hegemonía de la sociedad civil, decía Gramsci: «La división de los poderes y toda la discusión habida para su realización y la dogmática jurídica nacida con su instauración, son el resultado de la lucha entre la sociedad civil y la sociedad política de un determinado período histórico, con un cierto equilibrio inestable de las clases, determinado por el hecho de que ciertas categorías de intelectuales (al servicio directo del Estado, especialmente la burocracia civil y militar) están todavía ligadas a las viejas clases dominantes», A. Gramsci, op. cit., p. 158

[115] «Quien quiere bien al individuo, debe impedir las instancias todopoderosas, debe por tanto cultivar su división: la división de poderes», O. Marquard, *Individuo y división de poderes. Estudios filosóficos*, Trotta, Madrid 2012, p. 62. No obstante, en la esfera política es imposible dividir el poder. El poder político, que es el ejecutivo, es indivisible. El *quid* de la cuestión consiste en *separar* los poderes allí donde están reunidos en virtud de la doctrina político-jurídica de la soberanía de Bodino o por cualquiera otra causa. Es decir, devolver el Derecho al pueblo... lo que implica restaurarlo y suprimir la Legislación y, sobre todo, la Nomología. En definitiva, la gran cuestión es, en este aspecto, si el llamado poder legislativo no es una ficción sumamente útil para el poder y perjudicial para el pueblo. Es diferente en la sociedad civil, en la que actúan poderes o potestades sociales, no políticos. Aunque sean de origen netamente económico, esos poderes pueden contribuir eficazmente a contrarrestar al ejecutivo. El más eficaz es el de las familias, las unidades morales y económicas más pequeñas,

consecuencia natural de la diversidad de los modos o formas de pensamiento[116].

Escribe Marquard, citando a Montesquieu: «Solo hay libertad individual allí donde el individuo no está sometido a la intervención exclusiva de un único poder exclusivo [Montesquieu pensaba ya en términos estatales], sino que existen varios poderes (independientes entre sí) que, al agolparse para intervenir sobre el individuo, se entorpecen y limitan entre sí: los hombres cobran su libertad individual frente a la intervención exclusiva de cada uno de ellos, solo porque cada uno de esos poderes restringe y debilita la intervención de todos los demás»[117]. Tocqueville observó que la aplicación a la vez formal y material de este principio cautelar en los Estados Unidos y, coherentemente, el rechazo del parlamentarismo, instituía un republicanismo que, combinando formalmente la monocracia (presidencialismo), la aristocracia (en realidad oligocracia) y la democracia —las iglesias y confesiones conservaban la *auctoritas*—, diferenciaba sustancialmente la democracia norteamericana de la europea.

En lo que concierne a Inglaterra, la nación que disfrutaba entonces de más libertad política, Hobbes había denunciado ya, especialmente en *Behemoth*, su libro sobre la guerra civil, el carácter oligárquico del Parlamento, frente al que postulaba la Monarquía Absoluta. Tras la Revolución francesa, cuyo régimen burgués inequívocamente oligárquico contó en la isla con admiradores como Price —contra los que escribió Burke sus famosas *Reflexiones*—, volvieron a la carga, como se indicó antes, conservadores como Coleridge y liberales como Bentham y sus respectivos

---

discutiendo los impuestos u oponiéndose a ellos en tanto propietarias, puesto que es el tesoro público lo que alimenta la expansión y la acción del ejecutivo. Un poder político sin dinero es impotente; de ahí la necesidad de limitar y controlar los impuestos y el crédito. Todo depende del *êthos*.

[116]   Entre la escasísima literatura sobre las formas o modos de pensamiento cf. H. Leisegang, *Denkformen*, Walter de Gruyter, Berlín 1928; A. N. Whitehead, *Modos de pensamiento*, Losada, Buenos Aires 1944.

[117]   Ib., p. 62. Marquard se apoya en Leisegang.

seguidores, entre ellos dudosamente Stuart Mill. La crítica más radical fue, seguramente, la de Coleridge, sucesor político de Burke al frente de su escuela. Unos y otros denunciaron el gobierno inglés como clasista. Las críticas consiguieron que comenzara a ampliarse el censo electoral en 1832, tardándose empero casi un siglo en llegar al sufragio universal, lo que no significa que Inglaterra sea una democracia[118].

---

[118] Inglaterra ha tenido siempre la ventaja sobre el Continente de que los electores controlan mejor a los representantes, al ser mayoritario el sistema electoral. En el Continente, se impuso en cambio el sistema proporcional que fortalece la tendencia oligárquica. Al respecto, cf. A. García-Trevijano, op. cit.

XXVI

La cuestión se planteó en Francia durante la Restauración y se agudizó desde 1830 bajo la Monarquía de Julio. Entonces, llegó por fin al poder la gran burguesía[119], estableciendo lo que se considera el primer Estado liberal de Derecho. Una forma estatal que, decía Miglio, añade al monopolio de la fuerza[120] «la 'privatización' progresiva de todos los conflictos 'internos' mediante la imposición sistemática a todos los súbditos-ciudadanos del recurso a los tribunales estatales para solucionar todas sus controversias»[121]. El Estado liberal *burgués* de Derecho, ligado al parlamentarismo, implicaba empero un giro radical en el *êthos* estatal al cargarlo de contenido económico, tener que afrontar las consecuencias de la Revolución Industrial y ser el protagonista de la historia, conforme al pensamiento político introducido por la Revolución francesa. Durante los dieciocho años que duró el régimen, estuvo en vigor un sistema censitario monopolizado por la gran burguesía

---

[119] Cf. J. L'homme, *La Gran Burguesía en el poder. 1830-1880,* Lorenzana, Barcelona 1965.

[120] «La historia del Estado moderno [...] es la historia de una larga lucha por obtener lo que llama Weber 'el monopolio de la fuerza legítima', cuya prerrogativa más alta consiste en el derecho-deber de establecer quiénes son los 'enemigos': aquellos contra los cuales la guerra será por tanto legítima», G. Miglio, *La regolarità della politica,*(a no ser que sea vol. II) Giuffrè, Milano 1988, pp. 766-767.

[121] Ib.

abierto teóricamente a todos, pero muy cerrado en la práctica[122]. Una causa era que los liberales en general, y en particular los doctrinarios franceses inventores del Estado liberal de Derecho, recelaban de la extensión del derecho al sufragio entre las masas incultas o dependientes.

Francia no había recuperado el nivel económico anterior a 1789 y la mayoría de alrededor de veintiséis millones de habitantes eran campesinos vinculados a las antiguas dependencias más o menos feudales: al caciquismo, degeneración del feudalismo que apareció en el tránsito de las sociedades campesinas a las industriales. El censo, basado en la propiedad —de ahí el famoso *enrichissiez-vous!* de Guizot—, se abrió a los talentos y ciertas profesiones. Sin embargo, no llegaban a 500.000 los electores al producirse la Revolución de 1848; en parte por esa causa y en parte por el aburrimiento, cuya gran fuerza histórica suele pasarse por alto, que suscitaba el régimen, incapaz de suscitar el menor entusiasmo, otra gran fuerza histórica. Algo así como una implosión con ínfulas de revolución.

---

[122] El régimen censitario es inequívocamente oligárquico. Escribe J. Baechler: «El siglo XIX, en Europa y en sus trasplantes exóticos, se caracteriza por dos fenómenos extraños, en tanto extraños a la condición humana conocida hasta entonces: una tendencia a la pacificación interior y exterior y una transferencia de energía social sobre lo económico. La tendencia era tan fuerte que devino posible esperar el fin próximo de todo conflicto. La transferencia era tan masiva que lo económico invadía las conciencias y pudo operar como el fundamento último de todo», J. Baechler, *Démocraties,* p. 10. Esto significa un cambio fundamental en el régimen oligárquico, al vincularse unilateralmente a la economía industrial como consumación de la transformación definitiva del antiguo poder político jurisdiccional. Precisaba Carl Schmitt: el Estado custodio del Derecho (*Jurisdiktionstaat,* Fritz Kern) prevalece «en épocas de concepciones jurídicas estables y de propiedad consolidada, en el que la justicia está separada de lo Político o Estado»; el Estado Gubernativo (*Regierunstaat*) o Administrativo o, incluso «según la especie y la duración de la transformación, un Estado Legislativo parlamentario [...] El Estado legislativo (*Gestzgebungstaat*) es el vehículo típico de una era reformista-revisionista-evolucionista, equipada con programas de partido, que trata de realizar el 'progreso' mediante leyes justas, de un modo legal-parlamentario». Tras este Estado, afirmaba Schmitt, «hallamos menos un êthos que un gran *pathos*». «El Estado Administrativo (*Verwaltungstaat*) puede apelar a la necesidad objetiva, a la situación real, a la fuerza coercitiva de las relaciones, a las necesidades de la época y a otras justificaciones no basadas en normas, sino en situaciones fácticas» encontrando «su principio existencial en la conveniencia, en la utilidad», C. Schmitt, *Legalidad y legitimidad,* Aguilar, Madrid 1971 pp. 11-13.

Los revolucionarios introdujeron el sufragio universal y se cumplió lo que habían previsto los liberales: Luis Napoleón —de quien decía Tocqueville «si hubiera sido un hombre de genio no hubiera sido jamás presidente de la república»— apoyado por las masas deslumbradas por tratarse del sobrino del gran Napoleón, se hizo fácilmente con el poder absoluto en 1852 y acto seguido restauró nominalmente el Imperio. Una parte muy influyente de la gran burguesía era saintsimoniana, e impulsó el crecimiento económico recuperándose los niveles anteriores a la Gran Revolución. Una importante consecuencia fue el descrédito del liberalismo por su oposición al sufragio universal: a pesar de haberse confirmado sus recelos, quedó tachado de aliado natural de la oligarquía[123], y empezó a plegarse a la democracia social y económica.

---

[123] La defensa del principio censitario por los liberales no era ideológica sino prudencial: se fundaba en que el poder público refleja o debe representar la auténtica opinión pública y desconfiaban de la francesa dadas las circunstancias. Su pecado consistió en que, excesivamente dependiente el régimen de la gran burguesía, el censo no aumentó significativamente a lo largo de los dieciocho años. Con el sufragio universal, se apoderó del poder público un poder particular. Para todo esto, cf. L. Díez del Corral, *El liberalismo doctrinario,* Instituto de Estudios Políticos, Madrid 1956. Cf. las observaciones de M. Fioravanti sobre los liberales y el Estado en *Los derechos fundamentales,* Trotta, Madrid 2007.

XXVII

La Gran Revolución había legitimado el gobierno oligárquico y bajo la Restauración, y sobre todo bajo el régimen censitario de la Monarquía orlenista, prosperaron las ideologías anarquistas y socialistas. La implosión-revolución se hizo social, como advirtiera Lorenz von Stein, de quien lo aprendió Marx, en 1842, y las ideologías salieron a la luz pública en 1848[124].

La política, parte de la ética, es omnicomprensiva y, según la famosa frase de Ortega, es «la piel de todo lo demás». Tocqueville, testigo de esa revolución, dio fe en su famoso discurso en la Asamblea Nacional contra el derecho al trabajo, de la separación entre lo social y lo político, que motivó asimismo el aún más famoso *Discurso sobre la dictadura* de Donoso Cortés. La revolución consolidó, en efecto, la separación de la sociedad —del orden social— de lo político —del orden político—, desplazándose el interés del estamento intelectual por el orden político a la preocupación por el orden de la sociedad como un todo. La tecnocracia que vino después acentuó todavía más la absurda separación entre

---

[124] Cf., de Stein, su famosa *Geschichte der sozialen Bewegung in Frankreich von 1789 bis auf unsere Tage,* Wissenschaftliche Buchgesellsschaft, Darmstadt1972. Cf. J. Donzelot sobre *L'invention du social. Essai sur le déclin des passions politiques,* Fayard, París 1984; F. E. Manuel, *The Prophets of Paris,* Harper & Row, Nueva York 1962; F. E. Manuel / F. P. Manuel, *El pensamiento utópico en el mundo occidental,* tomo III: *La utopía revolucionaria y el crepúsculo de las utopías (siglos XIX y XX),* Taurus, Madrid 1981.

social y político, al privilegiar lo económico como el fundamento de lo social.

Tal es el origen de la revolución permanente, desde entonces en marcha en orden a instaurar la democracia social. Su heraldo principal fue retrospectivamente Karl Marx, cuyo *Manifiesto comunista* llegó a ser la visión preponderante del orden social, aunque en Francia y otros países católicos como Italia y España fue más importante la proudhoniana, más anarquizante, hasta después de la Gran Guerra. Marx captó la naturaleza oligárquica del Estado y la utilización de sus estructuras por la burguesía como instrumento de dominación, pero asestó otro golpe a la tradición política, y a la política en general, al identificar las oligarquías con las clases sociales y presentar como económicos los conflictos políticos.

Haciendo suyas las críticas liberales y conservadoras, Marx propuso sustituir el Estado por la dictadura del proletariado como una especie de gobierno provisional, milagrosamente inmune al parecer a la ley de hierro, hasta completar la revolución social con la desaparición de las clases y, con ellas, de todo rastro de la oligarquía. Ahora bien, la dictadura del proletariado, concepto que, a decir verdad, Marx no elaboró, pero pensaba que, dada la situación, era la única vía hacia la democracia social, tenía que ser un gobierno oligárquico, por muy transitorio que fuese. Lenin haría luego del partido como «vanguardia del proletariado» el órgano oligárquico del Estado Soviético, dirigido por la *nomenklatura* y haciendo las veces de *pouvoir espirituel*. Como si obedeciesen a Comte en vez de a Marx, él mismo y su sucesor Stalin serían irónicamente los primeros papas de la nueva religión de la política.

En lo que interesa ahora, se introdujo así el nuevo concepto de dictadura revolucionaria que, unida a la utilización de la historia (la interpretación económica de la historia) como arma política, constituye la causa de muchos equívocos en torno a esa forma extraordinaria del gobierno. Doctrinalmente es una suerte de dictadura impersonal cualitativamente distinta de la concepción tradicional de la dictadura como dictadura personal de carácter comisorio. Esta servía para restablecer el orden, es decir, en principio era limitada y a término, característica esta última que no se daba en las Monarquías absolutas que, como se ha recordado antes, al ser hereditarias eran dictaduras comisarias permanentes[125]. Curiosamente, se repite en Corea del Norte y no está claro si en Cuba.

---

[125] Cf. C. Schmitt, *La dictadura.*

XXVIII

La teoría del *Rechtsstaat* (Estado de derecho) surgió en Alemania a partir del *Polizeistaat* (Estado policía) como una evolución de las patriarcales Monarquías absolutas luteranas (y católicas)[126]. Kant, Fichte y Hegel se refirieron al Estado de derecho. Pero fueron Robert von Mohl, uno de los fundadores de las Ciencias Sociales, y Julius Stahl, a quien se debe la doctrina de la Monarquía Constitucional, quienes elaboraron inicialmente esa teoría. Georg Jellinek le dio mucho más tarde su forma, por decirlo así, definitiva, y fue objeto obviamente de aportaciones y reelaboraciones posteriores por otros autores. Lo que interesa ahora es el desarrollo de las aportaciones de Lorenz von Stein, el maestro conservador de Marx, que dieron lugar a la separación de la socialdemocracia en una versión marxista revolucionaria antiestatista y la lassalliana reformista o evolucionista legalista, que acepta el *Rechtsstaat* y el nuevo constitucionalismo inventado por la Revolución francesa, extraño para Marx.

Sucintamente: la idea del Estado de derecho, la organización mediante las leyes del aparato estatal depositario del poder político, estaba ya en el *Leviathan* de Tomás Hobbes. Para Hobbes, escribe A. de Muralt, «la ley es un precepto que extrae su poder obligatorio

---

[126] Para esto, cf. E. Bussi, *Evoluzione storica dei tipi di Stato*, Giuffrè, Milán 2002.

[como un deber moral] no de la bondad de lo que prescribe, sino de la voluntad y la autoridad de quien la instituye»[127].

En general, la teoría del Estado como Estado de derecho es el resultado de combinar *l'État liberal bourgeois de Droit* francés, asentado en la *Nation* (Política), titular de la soberanía en el sentido ascendente, con el *Rechtsstaat* alemán, asentado en el *Volk*, cuya soberanía en el sentido descendente ostentaron el Monarca, el Parlamento de Weimar, el *Führer* y, desde la Ley Fundamental de Bonn, los partidos (*Parteienstaat*). Según G. Leibholz, expresidente del Tribunal Constitucional, la representación desaparece en el Estado de Partidos a fin de integrar en el Estado a las masas desintegradas por el nacionalsocialismo y la guerra. Es una concepción próxima a la teoría del Estado de Rudolf Smend (o inspirada por ella), según la cual la estatalidad es una forma de integración, idea de indudables raíces luteranas[128]. La separación de poderes, que es un freno a la oligarquía, se reduce a mera separación de funciones, si bien los jueces no son órganos políticos[129].

Dos observaciones. La primera sobre la diferencia entre el *êthos* del Estado de derecho francés y el alemán: *l'État-Nation* es de origen laicista aunque puede quedarse en laico, mientras el origen del *Volkstaat* es el Estado-Iglesia luterano. La segunda observación

---

[127]   A. de Muralt, *La estructura de la filosofía política moderna*, Istmo, Madrid 2002, p. 83. Muralt cita a continuación el párrafo de *De cive* en el que afirma Hobbes: «la ley no es un consejo sino un mandato que se define así: la ley es el mandato de aquella persona (hombre o asamblea) cuyo precepto contiene la razón de la obediencia. De forma que los preceptos de Dios a los hombres, del Estado a los ciudadanos y, en general, de todos los poderosos a los que no pueden ofrecer resistencia, se han de llamar sus leyes [...] Cumplir lo que se ordena por ley es un deber». Tal es la naturaleza de la Legislación en contraste con la del Derecho.

[128]   En la teoría de la integración de Smend influyó sin duda su preocupación por la integración armoniosa de la Alemania católica y la luterana en el Estado (un problema que había inspirado la teoría del *Rechtsstaat* de Hegel). Cf. los artículos de Smend sobre tema religioso recogidos en *Staatsrechliche Abhandlungen*, Duncker & Humblot, Berlin 1968.

[129]   Aunque no se ocupa de la ley de hierro, conserva su interés el librillo de W. Hennis sobre la anterior República Federal Alemana, *Die missverstandene Demokratie. Demokratie, Verfassung, Parlament. Studien zu deutsche Problemen*, Herder, Friburgo de Brisgovia 1973.

se refiere a que el Parlamento, la cabeza visible de la oligarquía, es consustancial en ambos casos al Estado de derecho o *Rechtsstaat*. En Alemania, donde Bismarck llamaba despreciativamente al Parlamento «la casa de las frases» —remedando quizá «la clase discutidora» de Donoso Cortés—, solo fue efectivo desde la Ley de Bonn, salvo el breve paréntesis de la Constitución de Weimar en la entreguerra anterior a Hitler.

XXIX

Der gebändigte Leviathan (*El Leviatán domado*) de E. Denninger[130] alude al Estado de derecho del liberalismo. No hay otro Estado que el hobbesiano, y Estado y liberalismo en su estricto sentido son incompatibles. El Estado Soberano monopoliza por lo pronto y por definición la libertad política o colectiva. Ante el hecho de su inevitabilidad, no le quedó otro recurso al liberalismo que intentar someterlo al menos a reglas de su propio Derecho en el sentido de que se sometiese a la Legislación. El Estado de derecho funcionó decentemente durante algún tiempo, pero la domesticación no ha podido impedir que acabara desbocándose. El domador no pudo resistirse a los encantos de la fiera y fue derivando hacia el liberalsocialismo, el socialismo liberal, incluso la social democracia reformista, etc. Todo el mundo es hoy liberal. Sin embargo, se ha vuelto tan ambigua la palabra que no resulta fácil saber qué significa. Pues, como decía Stuart Mill en sus famosos e influyentes *Principios de economía*, «las funciones admisibles del Estado abarcan un campo cuyas fronteras superan con mucho las de cualquier definición restrictiva [...] resultando casi imposible señalar una sola base para justificarlas a todas, excepto la muy amplia de la utilidad general». Y para la moral utilitaria todo es posible.

---

[130] Publicado en Nomos, Baden-Baden 1990.

La misma expresión «Estado de derecho» es un pleonasmo ingenuo. Aparte de que la maquinaria estatal es el soporte ideal de la oligarquía por el temor que inspira su existencia debido a su solidez y su fuerza —*non est potestas super terram, qua comparatur ei* (Hobbes)—[131], la experiencia demuestra que todo Estado, incluidos el soviético, el nacionalsocialista y otros por el estilo, solo pueden existir y funcionar como Estado de derecho, aunque el Derecho sea política jurídica, Nomología.

La crítica del pleonasmo[132] ha comenzado a derribar el mito, o la superchería, del Estado de derecho al desaparecer el *êthos* liberal que le animaba. Se habla cada vez más del Estado constitucional, como si cambiando el nombre mejorase la cosa. «Estado constitucional» presupone que la Constitución expresa los valores sociales objetivos del momento y no los de la oligarquía. Hegel escribía previsoramente en *La constitución de Alemania:* «lo que ya no puede concebirse ha dejado de existir», pero «la expresión sigue empleándose sobre todo con el fin de legitimar el poder político y burocrático»[133]. ¿Quién hace las constituciones?

Por otra parte, hay que distinguir desde Hobbes entre el Estado y la Sociedad, mediando entre ambos una fracción de la sociedad, la sociedad política de Gramsci.

La sociedad política la constituyen en principio los partidos, definidos por von Stein como el medio por el que la sociedad civil penetra en el Estado a través de la representación y la burocracia. Sin embargo, la sociedad política se ha identificado con el Estado

---

[131]   Cf. M. Revelli *La política perdida,* pp. 26ss. «El papel de la fuerza, incluso en los Estados democráticos más avanzados, es realmente más constante y más notable de lo que los demócratas más sentimentales quisieran admitir». Cf. E. H. Carr, op. cit., p. 290.

[132]   «Como ha denunciado Hayek, prueba de la irreversible perversión del ideal (además de la práctica) del Estado de derecho es el hecho de que, a cualquier mandato burocrático se le revista todavía de la pompa y la majestad de la ley, sin que que ello suscite especial oposición, con tal que lo emita un Parlamento», A. Panebianco, op. cit. Cf. la crítica del pleonasmo y sus derivados por A. García-Trevijano en op. cit., pp. 330 y ss.

[133]   Hegel, *La constitución de Alemania*, Tecnos, Madrid 2010.

e, inversamente a su concepto, ha llegado a ser la vía por la que el Estado penetra en la sociedad civil a través de los partidos que, consensuados entre sí a efectos de patrimonializar el Estado (consenso político), colonizan la sociedad civil apoyándose en la burocracia. Junto a otros organismos como los sindicatos, doctrinalmente intermediarios, los partidos políticos se han constitucionalizado de hecho o de derecho como órganos estatales, especialmente en el Estado de Partidos, predominante en Europa. Muchas cosas fundamentales dependen del grado en que la sociedad política esté separada oligárquicamente, o no, del Estado.

Los partidos son oligárquicos internamente y cuando son de hecho o de derecho órganos estatales, se comportan oligárquicamente frente a los representados, pues en modo alguno son inmunes a la ley de hierro (tampoco lo son los sindicatos). Es el problema planteado por Gaetano Mosca en 1884, Robert Michels en 1911, Moisei Ostrogorski en 1912[134] y Wilfredo Pareto en 1917. Estos cuatro autores pusieron en claro ese rasgo fundamental de los partidos y, sin insistir más en ello, la naturaleza trascendental de la oligarquía, destacada en cambio por Fernández de la Mora[135]. A estos escritores podrían añadirse Schumpeter, James Burnhan, el historiador E. H. Carr, etc. Escribe este último: «El Estado debe estar basado, igual que otras sociedades, en algún sentimiento de intereses y obligaciones comunes entre sus miembros [el consenso social, que no es lo mismo que el consenso político que une a las oligarquías separándolas del pueblo]. Pero la coerción es ejercida regularmente por un grupo gobernante para obligar a la lealtad y a la obediencia y esta coerción supone inevitablemente que los gobernantes controlan a los gobernados y les 'explotan' para sus propios propósitos»[136].

---

[134]   M. Ostrogorski, *La democracia y los partidos políticos*, Trotta, Madrid 2008.

[135]   Cf. para todo esto G. Fernández de la Mora en *La partitocracia* y «La oligarquía, forma trascendental de gobierno», en *Revista de Estudios Políticos* 205 (1976).

[136]   E. H. Carr, op. cit., p. 150.

XXX

Normalmente no hay discontinuidad entre las oligarquías: a una oligarquía le sucede otra oligarquía, salvo que la situación se haga tan anárquica —anormal—, que aparezca un dictador con su cohorte. El jurista político Gaetano Mosca, tras afirmar que en todas las formas de gobierno el poder verdadero y real reside en una minoría dirigente, decía en sus *Elementos de ciencia política* (1884): «y aun admitiendo que el descontento de las masas llegara a destronar a la clase dirigente, aparecería necesariamente en el seno de la misma masa otra minoría organizada que pasaría a desempeñar el oficio de dicha clase. De otro modo, sería destruida toda organización y toda estructura social»[137]. A una oligarquía desprestigiada le sucede invariablemente otra oligarquía dispuesta a ganar prestigio, es decir, legitimidad de ejercicio, utilizando quizá la demagogia.

El sociólogo Pareto reiteró esa idea en su *Tratado de sociología general* (1917): «con sufragio universal o sin él, de hecho siempre gobierna una oligarquía». Añadió empero a la clase política, en la que distinguió los «zorros» de los «leones» utilizando la metáfora de Maquiavelo, las diversas élites que pululan inevitablemente

---

[137]   Antología de esa obra preparada por N. Bobbio sobre la edición de 1939, editada con el título *La clase política*, Fondo de Cultura, México 1984, p. 108. Sobre Mosca, cf. E. A. Albertoni, *Gaetano Mosca y la formación del elitismo político contemporáneo*, Fondo de Cultura, México 1992.

en torno a ella. Expuso también una teoría muy interesante sobre la vida de las élites u oligarquías, que acaban enrocándose o cristalizándose como clases dominantes[138]. Cristalizadas, confunden la sociedad política con el Estado, se separan de la sociedad civil como si fuesen dos mundos distintos y devienen puras «élites extractivas»[139]. La sociedad política da lugar entonces a lo que llama García-Trevijano una «sociedad aparente» como en el caso del Estado de Partidos[140], en el que marcha por un lado la sociedad real y, por otro, la aparente, hasta que se pone en evidencia su carácter explotador.

Pareto llegó a una conclusión pesimista en relación con la democracia, parecida a la de Rousseau, quien negaba *avant la lettre,* la posibilidad de que el pueblo como un todo ejerza la soberanía, uno de los grandes mitos modernos. Decía Pareto: «la democracia, tomando el término en sentido estricto, ni ha existido ni existirá jamás. Es contra el orden natural que gobierne el gran número y que los pocos sean gobernados [...] En la práctica, con o sin sufragio universal, es siempre una oligarquía la que gobierna y quien sabe dar a la 'voluntad del pueblo' la extensión que desea, desde la ley regia que daba el 'imperium' a los emperadores romanos, a los votos de la mayoría de una asamblea elegida de diversas formas, al plebiscito que dio el imperio a Napoleón III, etc., hasta el sufragio universal sabiamente guiado, comprado, manejado por nuestros 'especuladores'»[141].

---

[138]   Sobre la diferencia entre élites y clases sociales, cf. T. S. Eliot, *La unidad de la cultura europea. Notas para una definición de la cultura*, Encuentro, Madrid 2003.

[139]   De Pareto, cf. *Forma y equilibrio sociales,* Revista de Occidente, Madrid 1966 y Minerva Ediciones, Madrid 2010; *Escritos sociológicos*, Alianza, Madrid 1987. Sobre Pareto, cf. F. Borkenau, *Pareto,* Fondo de Cultura, México 1978.

[140]   Escribe García-Trevijano: «la sociedad aparente se rige por dos principios: el de la sustitución de la verdad por una ficción sistemática al estilo de la filosofía del como si de Vaihinger —como si la representación fuese auténtica, como si hubiese libertad política, como si hubiese democracia,...— y la imposición de la norma social de salvar o guardar las apariencias; la corrección política», A. García-Trevijano, op. cit., p. 241.

[141]   W. Pareto, *Forma y equilibrio sociales,* p. 192.

El pueblo como tal jamás ha sido soberano político ni podrá serlo más que imaginariamente. Si nadie es soberano, el pueblo le entrega la soberanía política a la oligarquía de turno. La soberanía popular es un mito con el que pueden permitirse los oligarcas todos los cambalaches y tropelías imaginables. Ni siquiera será la soberanía de la mayoría del pueblo aunque se aplique la «paradoja de la libertad». En todo caso, la voluntad del pueblo es la de los políticos influidos por los grupos de interés, los lobbistas profesionales y los activistas, procedentes generalmente por cierto de las clases altas e intermedias. Afirmar que el pueblo *debe ser* el soberano no quiere decir que lo sea; es incurrir en la «falacia naturalista» denunciada por Moore.

Una prueba es que el mismo Rousseau enunció en el *Contrato social* la citada paradoja de la libertad, antecedente de la corrección política que, decía E. Jünger[142], incita a quienes quieran permanecer libres a emboscarse en el sistema de poder. Según esa célebre paradoja, como la perfección de la mítica *volonté générale,* sugerida por la teología ocasionalista de Malebranche, radica en su uniformidad, se obliga al discrepante a ser libre obedeciendo a la mayoría o a lo que dicen los oligarcas que piensa la mayoría. Quizá por ser una tesis imaginativa, Rousseau no dice nada sobre el modo concreto de conseguirlo. Pero «las guerras del pueblo» de la Revolución francesa, y luego las guerras totalitarias, fueron ya posibles gracias a la conscripción forzosa. Otro mito de la democracia es su pacifismo. Como se ve paladinamente todos los días, el pacifismo democrático es siempre contra algo o alguien, generalmente contra la realidad de la política.

---

[142]   Cf. E. Jünger, *La emboscadura*, Tusquets, Barcelona 1983.

XXXI

En conclusión: el gobierno perfecto, el régimen perfecto, la Constitución perfecta, la Ciudad ideal, el fin perseguido por la religión democrática como trasunto político de la *Civitas Dei* agustiniana, es una utopía. Serán siempre oligárquicos. El pensamiento utópico es imposible como prueban los hechos, y un modo de pensamiento de mal gusto, como decía Jouvenel, puesto que elude la realidad. Entre otras causas, para escaparse de la ley de hierro. El gobierno y el régimen político perfectos ni siquiera pueden postularse como futuribles en virtud de esa ley. La obstinación en conseguirlos pertenece a la que llamaba Michael Oakeshott la *política de la fe*[143], cuya última ocurrencia es cambiar la naturaleza humana, el meollo de la «cuestión antropológica», suscitada por gentes histéricas o resentidas fanáticas de la religión democrática e intelectuales que viven de «producir sentido», *Sinnproduzenten* (H. Schelsky), para sustituir la anticuada «cuestión social»[144], que es posible que resucite con la crisis económica actual.

La *política realista* es la que llamaba el pensador inglés la *política del escepticismo*, más realista que la política de la duda del

---

[143] Cf. M. Oakeshott, *La política de la fe y la política del escepticismo*, Fondo de Cultura, México 1998.

[144] «La cuestión social ha escrito Benedicto XVI en la encíclica *Caritas in veritate* (& 75) (entre guiones largos) se ha convertido radicalmente en una cuestión antropológica».

relativista postmoderno Zagrebelsky[145], sorprendido tal vez porque la política real es algo así como el arte de las paradojas. El fundamento del escepticismo político es la ley de hierro de la oligarquía como una ley de la naturaleza humana trascendente e inexorable. A causa de esa ley, los problemas políticos no tienen solución: *solo cabe el compromiso*[146].

El racionalismo político, cuyo máximo representante es Thomas Hobbes, ha difundido la creencia de que los problemas políticos pueden resolverse como los matemáticos. Es esta una de las causas de reconducción de la política a la economía por la fascinación de las ciencias económicas que utilizan la matemática. La versión pacata es que pueden resolverse mediante la deliberación infinita. El éxito de ambas opciones está a la vista.

Los problemas políticos no tienen solución. Las «soluciones» políticas explícitas o implícitas pueden ser necesarias en el caso extremo. Pero son paradójicamente impolíticas o incluso antipolíticas al ir contra la lógica de la política, cuya verdad axiomática es la libertad colectiva. En el mejor caso, el de las dictaduras comisarias, aunque sean legales o consentidas, no son propiamente políticas en tanto presuponen, como cualquier forma de dictadura, la puesta entre paréntesis de la libertad política, justamente para garantizar

---

[145] Cf. G. Zagrebelsky, *Contra la ética de la verdad*, Trotta, Madrid 2010. Este autor habla en realidad de la ética de la duda. De acuerdo con Marquard, la política del escepticismo sería una consecuencia de la filosofía de la finitud: el hombre es un ser finito. Aceptando la realidad, el escepticismo trueca el pesimismo en un moderado optimismo (O. Marquard, op. cit., pp. 17ss. y 62). Encajaría en el realismo de la *Weltanpassung*, la adaptación al mundo de Max Weber (citado por P. P. Portinaro, op. cit., p. 17), inclinada al compromiso.

[146] Cf. B. de Jouvenel, *La teoría pura de la política*, Revista de Occidente, Madrid 1972. El compromiso no es el consenso político. En el consenso *político*, se alían las oligarquías para enmascarar sus intereses comunes como si fuesen los del consenso social y disfrazar sus actos como convenientes para el pueblo. La alianza de los partidos políticos formando un bloque es profundamente inmoral y corruptora. Toda alianza es contra alguien, en este caso, el pueblo. Ernst Gellner observa que hace que sea más importante el control legítimo de la educación —con el añadido de la propaganda y el control de la información—, que el «monopolio legítimo de la violencia». Falsifica la voluntad de los representados, conforme al consenso social. En contraste, el compromiso político consiste en «una coordinación de moralidad y poder» (E. H. Carr).

esta libertad, que garantiza las demás libertades que, en cambio, quedan protegidas anormalmente por la dictadura. Además, ya se dijo que, al no tolerar otra política que la suya, cuanto más intensamente políticas sean, más impolíticas serán. Las decisiones dictatoriales son unilaterales: alteran antipolíticamente el orden jurídico prescindiendo de la opinión para poner fin a la situación excepcional, al ser no solo inapelables jurídicamente, sino indiscutibles políticamente. Por ejemplo, al frenar *manu militari* a la oligarquía reconduciéndola hacia el bien común o el interés general o imponiendo provisionalmente la *solidaridad* como un sucedáneo de la amistad y el consenso civil o social que obliga a la confianza. No es casual que, buscando la neutralidad, «los pensadores laicistas de la Tercera República, conociendo la persistencia de la comunidad de amor cristiana en el solidarismo francés, le atribuyeran a la idea de solidaridad el significado de la caridad cristiana secularizada», decía Voegelin en su opúsculo *Die politische Religionen*[147]. La solidaridad artificiosa es antipolítica, porque la política implica el pluralismo inherente a la libertad política.

El escepticismo político plantea agudamente la cuestión de la moralidad y la inmoralidad *en la política*: la regla fundamental de la moralidad política es el principio *salus populus suprema lex est*. Las dudas surgen al interpretar el alcance de la palabra *salus* y la relación de proporcionalidad entre el fin y los medios. La prudencia es la única regla. Ese principio y esa virtud valen para juzgar la oligarquía.

Como observó Aristóteles, todos los gobiernos mueren por la exageración de su principio, y el único remedio normal, más bien un paliativo razonable, de sentido común, frente a la exageración (que suele ser inexorable) del gobierno oligárquico es la *política del justo medio* (el *mesotés* aristotélico): la política de la razonabilidad, o del sentido común compartido por todos o la mayoría que participa del mismo *êthos*. Dentro del pesimismo escéptico, la política realista del justo medio suscita cierto optimismo consistente

---

[147]   Publicado en Wilhelm Frank, Munich 1996.

en que la libertad política de la democracia —la mayoría— puede limitar el poder de las oligarquías —las minorías— mediante el peso de los números por dos medios: controlando a los representantes y a la sociedad política, y promocionando electoralmente la movilidad política y social que impida la cristalización de la sociedad política y de las élites en castas. Montesquieu, otro típico representante de la tradición del *juste milieu,* añadió conforme a la fórmula *le pouvoir arrête le pouvoir*[148], la mencionada división del poder mediante la separación de las tres potestades supremas y la existencia *en la sociedad civil* de poderes *sociales* libres e independientes, institucionalizados como formas de autogobierno intermediarias entre ella y el poder político[149].

---

[148] Montesquieu separó el legislativo, el ejecutivo y el judicial, aunque consideraba que, en puridad, este último no es un verdadero poder político, pues representa la supremacía del Derecho: es autoridad. Hobbes, quien distinguía el poder tributario, el legislativo y el ejecutivo, creía que se destruían entre sí; Locke distinguía el legislativo, el ejecutivo y el federativo; Benjamin Constant añadió sin mucho éxito, resucitando en cierto modo a Cicerón, César y Augusto, el poder neutro para justificar la Monarquía. Cf. A. C. Pereira Menaut, op. cit., pp. 147-164. La no mención del judicial por los autores ingleses se debe a la peculiar posición de los jueces en relación con el *Common Law* que, continuando la tradición medieval de la *omnipotentia iuris,* prevalece —o prevalecía— sobre la política. Es significativo que «el concepto Estado de derecho no existe verdaderamente ni en el Reino Unido ni en los Estados Unidos: la expresión *rule of law,* que es allí la equivalente, refleja de hecho un pensamiento diferente. La *rule of law* es el reino del derecho», que prevalece sobre lo Político —el *Government,* no el Estado— y la política y «al que está sometido el Estado igual que todo sujeto de derecho», L. Cohen-Tanugi, *La métamorfose de la démocratie,* Odile Jacob, París 1989, p. 120. Los *statute law* no son Legislación, sino aclaraciones del *Common Law.*

[149] Las formas principales de autogobierno, que no es lo mismo que autonomía, son la familia, las asociaciones de la sociedad civil y el municipio (cf. J. Althusio, *La Política metódicamente concebida e ilustrada con ejemplos sagrados y profanos,* Centro de Estudios Constitucionales, Madrid 1990).

XXXII

Si la democracia es en verdad política, presupone la igualdad natural de todos ante la ley, el autogobierno de las entidades menores, la separación *en su origen,* radical, desde la raíz (no en el Estado o Gobierno), de los poderes legislativo y ejecutivo[150], separación posible y decisiva en la democracia moderna, como observaron los autores norteamericanos de *El federalista*[151], y la representación como mandato imperativo en tanto ejercitación de la libertad política —que no se reduce obviamente al rutinario derecho a votar—, garantizados mediante leyes claras que presupongan esa separación y el mandato a los representantes de dar cuenta a *sus* representados y responder ante ellos por sus actos.

Sin embargo, sobre todo allí donde reina el parlamentarismo, la igualdad natural de todos ante la ley está falsificada por la ingente cantidad de leyes y medidas detallistas: aparte de ser desconocidas por la mayoría de los ciudadanos, que corren el peligro de que se les apliquen cuando le interese a algún poder o a alguien que

---

[150] La desmitificación del pensamiento político moderno suscita un problema que no cabe abordar ahora: desde el punto de vista de la *omnipotentia iuris,* ¿tiene algún sentido el «*poder*» legislativo?

[151] A. Panebianco dedica el cap. V del libro citado a esta cuestión. Omite (como es habitual) que *la primera y más radical división de poderes es entre la autoridad espiritual y el poder temporal.* Quizá porque la Iglesia renunció a la autoridad con la teoría de Bellarmino de la *potestas* indirecta de la Iglesia sobre el Estado, ambos como sociedades perfectas. ¿Es la Iglesia una sociedad? ¿Es el Estado una sociedad y además perfecta?

reclame su aplicación en su beneficio, privilegian inevitablemente (premiando o castigando) a unos en detrimento de otros, de modo que los desigualados reclaman a su vez nuevas leyes compensatorias. La guerra de los derechos ha sustituido a la eterna y natural lucha por el Derecho. Es así como crecen indefinida y anárquicamente la Legislación y los privilegios, favorables u odiosos, creando con frecuencia situaciones de desgobierno, que benefician solo a las oligarquías, y es así como también la Legislación aboca a la Nomología o Nomocracia para contener la desintegración social.

En cuanto a los «poderes intermediarios», formas de autogobierno como las libertades comunales, provinciales o regionales, la Monarquía Absoluta los había socavado, y la Revolución francesa lo consumó. Sin modificar el *statu quo*, el Estado de derecho consideró de derecho público las asociaciones libres —incluidas las iglesias y confesiones— y, a lo largo del siglo XX, comenzó el aniquilamiento de la familia adoptando sistemas fiscales socialdemócratas, con el pretexto de realizar la justicia social, que liquidan la propiedad y, recientemente, con la recepción en la esfera política de la justicia antropológica de la ideología de género y sus variantes, que rechazan el matrimonio, impulsan la contracepción, el aborto, etc. La aceptación de las bioideologías y sus tonterías pseudocientíficas sirve también para atacar las libertades individuales. La idea rectora de la tecnocracia nomocrática es que no quede nada entre el Estado y las masas de individuos indefensos «socializados» mediante la coacción legislativa.

El único contrapoder institucional que subsiste en Occidente es la Iglesia, pues la auténtica división del poder es entre su *auctoritas* y la *potestas* de los poderes temporales. Pero, mermadas por la acción del poder político y oscilantes entre el cielo y la tierra por la influencia del modo de pensamiento ideológico cuyo único objeto es el aquende, las iglesias han perdido la *auctoritas* al no ejercerla, como si prefiriesen a los poderosos y, desprestigiadas a pesar de su doctrina social, han cedido el mundo a la *potestas* de los poderes políticos y sus oligarquías. Sin el apoyo del *êthos*, cuya eficacia depende de la religión, sustituida por las religiones seculares que

106 ~ La ley de hierro de la oligarquía

produce ese modo de pensamiento, la división de poderes acaba siendo ineficaz.

Los parlamentos, teóricamente soberanos, dependen del ejecutivo (sobre todo en el Estado de Partidos) y la representación es nula dado que se prohíbe el mandato imperativo, con lo que se sustrae a los representados la libertad de vigilar y controlar directa y particularmente a *sus* representantes. Prevalecen en cambio los sistemas electorales proporcionales, la fórmula que conviene a las oligarquías y caldo de cultivo de la partidocracia: la ley de hierro operando sin tapujos. Rousseau advirtió: «en el instante en que un pueblo se da representantes ya no es libre; no lo es en absoluto».

EPÍLOGO
LA LEY TRASCENDENTAL DE LA POLÍTICA[1]

1. Ferdinand Lassalle, el fundador de la socialdemocracia partidaria de la revolución legal permanente hasta establecer el Estado comunista —el «socialismo evolucionista» de Bernstein y otros, principalmente austriacos, en contraste con el socialismo revolucionario de Marx y, sobre todo, Lenin—, había rebautizado la ley de bronce de los salarios de David Ricardo para darle más énfasis, como ley de hierro. Y al estudiar la organización y el funcionamiento del partido socialdemócrata alemán Robert Michels la llamó la ley de hierro de la oligarquía. Desde la publicación en 1911 de su famoso libro *Los partidos políticos. Un estudio sociológico de las tendencias oligárquicas de la democracia moderna*, las alusiones a la ley de hierro de la oligarquía se han restringido generalmente a los partidos, que, naturalmente, o la ignoran o la niegan.

2. Sin embargo, les guste o no, los partidos políticos —cuyo tiempo ha pasado según Paolo Mancini[2]— en modo alguno son inmunes a la ley de hierro. Internamente, son oligárquicos y no

---

[1] Artículo publicado por Dalmacio Negro en *Razón española. Revista bimestral de pensamiento*, nº 199, 2016, pp. 139-158 y después en la revista *Altar Mayor*, enero-febrero 2017.

[2] *Il post partito. La fine delle grandi narrazioni*, Il Mulino, Bolonia 2015.

tienen más remedio que serlo y, externamente, funcionan como oligarquías. Por supuesto unos más que otros. Y no hace falta decir que son más oligárquicos los que alardean de su superioridad moral, como suele ocurrir con los de izquierda, que recuerdan en esto, a sabiendas o sin saberlo, a Saint-Just y a Robespierre, generalmente sin su honradez personal. Es un tema muy estudiado también por Gaetano Mosca (1884), Moisei Ostrogorski (1912) y Wilfredo Pareto (1917). Escritores a los que podrían añadirse Schumpeter, James Burnhan, E. H. Carr, etc.

Sin embargo, aunque se menciona como una ley general de la política, no ha inspirado muchos estudios a pesar de las afirmaciones de Michels en el prólogo de 1915 a la edición inglesa de su obra, de que es «una ley sociológica más allá del bien y del mal» y que «la democracia conduce a la oligarquía y contiene necesariamente un núcleo oligárquico». Tal vez por temor a que se interpreten como una crítica a la sacralizada democracia, que condiciona, paraliza y descompone como una religión a las mismas Iglesias.

3. Efectivamente, se abusa tanto de la palabra democracia, que funciona como una religión política o de la política, de modo que se aplica a cualquier cosa: es democrático lo que llama así quien pronuncia esa palabra mágica. Decía Maquiavelo que, si *Il príncipe* no es religioso, debe parecer que lo es según la religión de los ciudadanos, y son raros los gobiernos, partidos, gobernados y súbditos administrados que no presumen de demócratas; y muchos menos los que se atreven a negar o renegar de la inexistente democracia real existente formalmente que predica el pensamiento único socialdemócrata. Los discrepantes, ya se sabe: son fascistas, de extrema derecha... o lunáticos en el mejor de los casos. Por poner un ejemplo extremo: ¿quién se atrevería a decir que no es demócrata en alguna democracia popular?

Lo mismo los partidos políticos. Cuando mencionan «su» democracia interna o apelan a ella, o bien se trata de engañar a los miembros o simpatizantes o es una falacia o una mentira *coram populo* o no saben de qué hablan. Esto último es cada vez más frecuente, dada la indigencia intelectual, por no hablar de la estética y la moral, de la masa de impostores que han conseguido acaparar la vida política. Un síntoma muy inquietante. No es de extrañar que la democracia esté en quiebra manifiesta y se hable de la necesidad de superarla. Los autores de *Beyond Democracy* defienden abiertamente la necesidad de abandonarla esgrimiendo buenas razones:

> Una de las grandes ilusiones políticas de nuestro tiempo es la democracia. Muchas gentes se creen libres porque votan. Oponen democracia y tiranía. Y como no viven en Corea del Norte o en Cuba, se creen libres. Pero tal como se ve hoy a los Estados modernos invadir la esfera privada como jamás anteriormente, cuando la expoliación ha tomado las formas que en modo alguno pudo imaginar un Bastiat en el siglo XIX, es que no funciona la democracia[3].

4. Los libertaristas holandeses tienen bastante o toda la razón desde el punto de vista de lo que llamaba Isaiah Berlin libertad negativa, la «libertad de». No así en la perspectiva de la libertad para o libertad positiva, si se tiene en cuenta la ley de hierro: la democracia es la única manera de controlar a la oligarquía en cualquier estado de la sociedad, sea el aristocrático o el democrático en el sentido de Tocqueville. La palabra democracia no tiene sentido sin la libertad política. En Europa, tendió a entenderse como un concepto que identifica el estado de la sociedad con la forma de gobierno[4]. Divulgada como sinónimo de igualdad devino un mito y una superstición. De ahí, que, al degradado estamento de los políticos, dada su idiocia, quizá congénita, le resulte ya muy difícil saber en qué consiste: una consecuencia de la tendencia a seleccionar a los peores (la democracia morbosa de Ortega). Le pasa lo mismo, con más motivos, a la gente corriente, víctima de su propaganda y de la destrucción sistemática del sentido común

---

[3]   F. Karsten/K. Beckman, *Dépasser la démocratie*, Institut Coppet, París 2013, pról. p. 11.

[4]   Vid. D. Carrión Morillo, *Tocqueville. La libertad política en el estado social,* Delta, Madrid 2007.

por la intensa politización del pensamiento creciente desde la Revolución francesa, intensificada por el triunfo del modo de pensamiento ideológico totalitario en el siglo XX[5]. La democracia sería, en palabras de Borges, «una superstición muy difundida, un abuso de la estadística».

En su desconcierto, el pueblo está empezando a pensar de la democracia de la que habla todo el mundo como Federico Bastiat: «la democracia ilimitada es, igual que la oligarquía, una tiranía extendida sobre un gran número de personas».

5. Como una excepción, Gonzalo Fernández de la Mora definió la ley de hierro de la oligarquía en *La partitocracia*[6] —un libro más actual que el de Michels, limitado a los partidos, pues va al fondo del asunto—, como la ley trascendental de la política. En efecto, dada la naturaleza humana, la oligarquía no es solo connatural a las organizaciones y una forma posible del gobierno, sino una ley inmanente a todas las formas histórico-políticas y de los gobiernos, que han sido, son y serán. De ahí que el objeto, explícito o implícito, del modo ideológico de pensar, y de todas las ideologías más o menos utópicas que emanan de él, sean mecanicistas —prácticamente extinguidas como diagnosticó también Fernández de la Mora en *El crepúsculo de las ideologías*— o biologicistas —que están en boga, o de moda—, consista en modificar la naturaleza humana para construir un hombre nuevo, la idea clave del modo de pensamiento pseudocientífico totalitario dominante, que se presenta y acepta como democrático.

6. La ley de hierro de la oligarquía pertenece a la metapolítica. Es un presupuesto, en el sentido de Julien Freund[7], subyacente

---

5   El sentido común, esencial en política, empezó a quedar relegado al ámbito de lo privado, en el que ha sido también semidestruido o puesto en cuestión. Vid. M. Crapez, *Défense du bon sens ou la controverse du sens commun*, Éds. du Rocher, París 2004.

6   Instituto de Estudios Políticos, Madrid 1977.

7   *La esencia de lo político*, Ed. Nacional, Madrid 1962.

desde siempre al auténtico pensamiento político. El de Platón, el fundador de la filosofía política, o la ciencia (*epistémé* en el sentido griego, contrapuesta a *techkné*, técnica o arte) política de Aristóteles serían ininteligibles sin tenerlo en cuenta. Explica también, por ejemplo, la doctrina de la forma mixta de gobierno. Para Maquiavelo, el motor de la historia era la lucha entre las oligarquías; y el pensamiento de Marx —no el marxista— es muy aprovechable políticamente, si se sustituyen las clases por las oligarquías.

7. A la verdad, Fernández de la Mora no distinguía claramente entre el Gobierno, el lugar formal del poder político directo, y el Régimen, el lugar real de los poderes indirectos y las influencias. Pero sostenía que los gobiernos son siempre oligárquicos con independencia de las circunstancias, el talante, las intenciones, la voluntad, los deseos, las pasiones, los sentimientos, las ideologías, los programas, la propaganda, las promesas y las ilusiones de los escritores políticos y, por supuesto, de lo que digan los políticos y los intelectuales orgánicos autoengañándose o para engañar a los demás.

«Quien habla de organización habla de oligarquía», decía el propio Michels. Una poderosa razón por la que la democracia no puede ser tan igualitaria como prometen y pretenden la democracia «social», la democracia «económica», la «justicia social», etc., fórmulas de la demagogia inherente a la revolución permanente cuyo *deus ex machina* es el Estado, el *deus mortalis* de Thomas Hobbes. El Estado, decía Nikolaus Koch, es «una revolución permanente y explosiva», intensificada en el caso del Estado democrático[8]. Como dijo Tácito, «el poder [humano] no es estable cuando es ilimitado».

8. La ley de hierro de la oligarquía es también la causa de que el poder esté en todas partes, como observó Michel Foucault,

---

[8]   *Staatsphilosophie und Revolutionstheorie. Zur deutschen und europäischen Selbstbestimmung und Selbsthilfe*, Holsten Verlag, Hamburgo 1973. Espec. 10, pp. 96ss.

sin distinguir, por cierto, entre autoridad y poder. Y asimismo, lo que da sentido a la citadísima frase de Lord Acton: «el poder corrompe, y el poder absoluto corrompe absolutamente». Es también una de las causas de que no pueda existir un mínimo de orden sin una jerarquía que haga cumplir las reglas correspondientes a cualquier forma de ordenación, sea en el orden político, el religioso, el estético, el moral, el social, el deporte... o el juego, en el que veía Huizinga el origen de la cultura. Y si hasta la cultura requiere orden, lo que implica diferencias, tampoco puede prescindir la democracia de las reglas pertinentes. Este es justamente el problema de la democracia: las reglas que la hacen posible, veraz y capaz de controlar —no de anularla, que es imposible— a la oligarquía, cuya idea de la política es aproximadamente la de Paul Valéry: «el arte de evitar que se entere la gente de lo que le atañe».

9. El efecto decisivo de la ley de hierro consiste en que configura o estructura los regímenes políticos condicionando al gobierno cualquiera que sea su forma: el régimen de la monarquía, la aristocracia, la democracia y sus respectivas variantes es siempre oligárquico, incluidas las formas mixtas. Estas son una manera de intentar debilitar, contener o contrarrestar la decadencia de las formas políticas, que sobreviene, sobre todo, cuando la corrupción de las oligarquías hace imposible la convivencia[9]. Pues, suponiendo que el gobierno no sea directamente oligárquico, como es el caso de los totalitarios —la vanguardia leninista del proletariado, los partidos en el caso del Estado de Partidos...—, la cuestión es el grado de influencia de las oligarquías del régimen: primero, en la formación del gobierno y luego, en su manera de actuar. Como todo gobierno está supeditado al régimen es inevitablemente oligárquico, de modo que la gente —los gobernados, que no es exactamente lo mismo que los «administrados» o los súbditos— debiera

---

[9] E. A. Gallego, *Sabiduría clásica y libertad política. La idea de Constitución mixta de monarquía, aristocracia y democracia en el pensamiento occidental,* Ciudadela, Madrid 2009.

desconfiar tanto del gobierno como de los partidos, aunque sean los suyos. Pues, la elección de los mejores, los más prudentes —la prudencia es la primera virtud del político—, aunque sean además independientes y tengan también la virtud de la fortaleza, no es de por sí una garantía. Para que la gente no desconfíe e incurra en el sacrilegio de no participar en el ritual del voto, están la propaganda y, no pocas veces, la amenaza con distintas variantes como la imposición legal de la obligación de votar[10].

10. Curiosamente, no se habla hoy mucho de la oligarquía como una forma concreta del gobierno, salvo para anatematizar a los adversarios o enemigos políticos. Se ve como una degeneración o herejía de la religión democrática, de modo que, cuando se alude a la oligarquía es solo para denunciar situaciones obvias de abuso de poder, como la presente, y circunscribiendo a lo sumo la extensión del término a los aspectos económicos: para denunciar el hecho de que miembros y afines de los partidos están robando descaradamente a los pueblos aprovechándose de su posición.

Sin embargo, son hoy los Gobiernos, con la ayuda creciente de la técnica —la informática, por ejemplo, que los ingenuos consideran liberadora—, las mayores «élites extractivas» sin comparación posible, lo que hace incontenible la corrupción, incluso como medio de defensa o para subsistir. De ello apenas se habla. Se dice en cambio de las multinacionales y otras formas del «capitalismo», un fantasma, pues no es un individuo histórico[11].

Ahora bien, ni las multinacionales ni el malvado capitalismo explotarían a los pueblos sin la connivencia de los gobiernos oligárquicos, cuyo ideal es, justamente, el «capitalismo de Estado», que, este sí, no es un fantasma: el Estado —que no ahorra sino que

---

[10] «El papel de la fuerza, incluso en los Estados democráticos más avanzados, es realmente más constante y más notable de lo que los demócratas más sentimentales quisieran admitir». M. Revelli, *La política perdida*, Trotta, Madrid 2008, pp. 26s.

[11] Vid. O. Hintze, «El capitalismo moderno como individuo histórico», en *Feudalismo. Capitalismo.* (Recopilación de G. Oestreich), Alfa, Barcelona/ Caracas 1987.

recauda impuestos y produce o fabrica dinero— y el capitalismo son connaturales, como observaron Schumpeter, Müller-Armack[12] y otros. La esencia del capitalismo de Estado puede describirse sin necesidad de acudir a Lenin y otros camaradas con la conocida frase del *condottiero* Mussolini: «nada contra el Estado, nada fuera del Estado, todo para el Estado, todo a través del Estado». Todo pertenece al Gobierno, cuando y como quiera.

11. Estados y Gobiernos que se proclaman democráticos, han devenido *magna latrocinia*, como decía san Agustín en su tiempo. Mas, en el mundo del positivismo jurídico extremado a lo Kelsen, personaje que domina el pensamiento sobre el Derecho, lo que preocupa a los críticos es la corrupción ilegal, como si fuese legítima la legal, la corrupción intrínseca —moral, estructural e ideológica— de los sistemas políticos, en los que, como decía Descartes, «la multitud de leyes presta frecuentemente excusas a los vicios».

El poder político es el poder supremo, pues decide sobre el modo de convivir. Gobiernos y partidos que se entremeten legalmente en todo —pueden concurrir también los sindicatos y otros poderes indirectos cuando se les considera órganos del Gobierno o del Estado— son la causa eficiente de la corrupción moral, estructural y material establecida y fomentada por las oligarquías para afirmar su dominio sobre la masa del pueblo.

12. La corrupción legal es mucho más grave, mayor y más perniciosa que la ilegal, que puede ser meramente defensiva en muchos casos frente a la legal. Por ejemplo, frente a los intrínsecamente corruptos e intrincados sistemas fiscales legales, que se ingenian para explotar a los gobernados, convertirles en sospechosos permanentes de defraudar al fisco y atemorizarles. Pues, lo que se denominaba hace tiempo, algo eufemísticamente, «terrorismo fiscal», ha llegado al punto en que el fisco tiene que actuar como una policía paralela a la criminal para poder funcionar. Decía Hannah

---

[12]   *Genealogía de los estilos económicos*, Fondo de Cultura, México 1967.

Arendt: «si la legalidad es la esencia del Gobierno no tiránico y la ilegalidad es la esencia de la tiranía, entonces el terror es la esencia de la dominación totalitaria», que puede ser física, como en la URSS y la Alemania nacionalsocialista, o legal.

13. El caso de los impuestos es muy ilustrativo de lo extraño de la situación: no existen auténticos movimientos de resistencia. Los que se presentan como antisistema quieren más impuestos, y no parece que vaya a cumplirse la profecía de Nostradamus de que «la gente se negará a pagar impuestos al rey».

El derecho de resistencia era fundamental en cualquier régimen libre. No solo los impuestos; hay muchas más cosas que podrían o debieran suscitar la apelación a ese derecho. «El silencio del pueblo —reza un proverbio francés— es un aviso para el rey». Pero se han olvidado de él las mismas iglesias, entre otras causas, porque, como decía Tocqueville, la democracia *immatérialise le despotisme*. ¿Ha amortiguado la democracia el sentimiento natural del Derecho? ¿Se ha impuesto hasta tal punto *l'esprit du bien-être* inherente a la democracia según Tocqueville?

Al utilizarse la palabra democracia para todo, no se percibe, o quizá no se quiere percibir por comodidad, incapacidad o temor, el alto grado de corrupción que conlleva la mayoría de la legislación actual, ya que la instrumentalización del Derecho convertido con fines de dominación en política jurídica, igual que en la Unión Soviética, constituye el medio con el que actúan los gobiernos y los partidos «democráticos».

14. Que la revolución se legitima a sí misma es una creencia casi popular desde la Revolución francesa. Y considerándose justificados y legitimados por la revolución permanente para conseguir la sociedad justa, *die wahre Democratie*, la verdadera democracia de que hablaba Marx —y siguen hablando los marxistas confesos (que es raro hayan leído algo de Marx y menos aún entendido) y los inconfesos, así como la muchedumbre de los demagogos y arribistas de izquierdas y de derechas—, tanto los gobiernos como los

partidos y sus afines pueden decir: *nihil a me alienum puto*, nada me es ajeno, dando lo mismo que se trate de bienes materiales, inmateriales o espirituales. La única restricción consiste en que se haga todo legalmente, como mandaba Rousseau. Lo legal no es sin más lo legítimo, que tiene una connotación moral. La inversión totalitaria —algunos como el norteamericano Wolin describen la situación actual como un «totalitarismo invertido»—, consiste en que lo legal sea lo único legítimo: es legítimo todo lo que es legal si se ajusta al procedimiento establecido por los gobiernos oligárquicos. El positivismo jurídico lleva inexorablemente al totalitarismo —que sería más exacto llamar colectivismo—, para el que «legalidad quiere decir sumisión y disciplina»[13].

15. Lo propio de la corrupción de los regímenes y los gobiernos no es la corrupción económica. Esta es solo la forma más visible. Pero es un efecto, en cierto modo secundario, una consecuencia, de la corrupción moral y la corrupción política concretadas en la corrupción jurídica. De la primera, cuando las leyes oligárquicas pervierten la moral natural universal autorizando, protegiendo y fomentando, por ejemplo, pero no únicamente, lo que se llama la cultura de la muerte y otras prácticas más o menos concomitantes; una suerte de moralidad nihilista acorde con lo que consideran políticamente correcto las oligarquías que mandan, pero no solo no ordenan sino que desordenan. La segunda no es independiente de la primera, pues tiene la autonomía que se concreta en las leyes que pueden considerarse políticas: constituciones, leyes electorales, leyes penales en lo que conciernen a los intereses estatales, como los fiscales, leyes administrativas, leyes que dividen a los gobernados, les impiden moverse o trabajar libremente, regulan la educación, los medios de comunicación, etc. Esta corrupción repercute en la vida social facilitando el auge de la corrupción moral que la

---

13   Carl Schmitt, «La revolución legal mundial. Plusvalía política como prima sobre la legalidad jurídica y supralegalidad», *Revista de Estudios Políticos*, nº 10, 1979.

desintegra al introducir la sospecha permanente para reproducir la lucha de todos contra todos en el imaginario estado de naturaleza descrito por Tomás Hobbes. Como solo el gobierno oligárquico está en condiciones de pacificarlo, establece un modo de orden securitario colectivista o totalitario. La lucha se disfraza a veces de guerra de los derechos amparada en los derechos humanos. La fomentan los gobiernos y los partidos como algo normal para parecer humanitarios, justos y benéficos, introduciendo simultáneamente la discordia entre los gobernados al alterar el equilibrio entre los grupos sociales conforme al principio *divide et impera*. Pues, en la competición para conseguir sus favores, se aseguran al mismo tiempo numerosas clientelas serviles.

16. Especialmente en la democracia, es la oligarquía más que una forma del gobierno. Como decía José Luis López Aranguren, «bajo la apariencia de la democracia, prospera en realidad una oligarquía», de modo que lo importante sociológicamente son las fuerzas reales de cualquier tipo, que operan «detrás» del aparato del gobierno. Muchas de ellas son invisibles como tales fuerzas, limitadas aparentemente a los partidos. «Los pasillos del poder» de que hablaba Schmitt[14]. No es extraño que sea la mentira la fuerza que dirige políticamente el mundo, como observaba Revel. Los gobernantes y los militantes de los partidos son con frecuencia personas interpuestas, las instituciones jurídico-políticas una superestructura *ad usum delphinis*, y los poderes legislativo y ejecutivo delegaciones del poder efectivo, lo mismo que el judicial cuando el orden moral y político está suficientemente degradado. Como dice Pierre Manent, quien no es precisamente un marxista, «la minoría de los que poseen el capital material y cultural manipula las instituciones políticas en su propio beneficio». Emboscadas las oligarquías democráticas en la jungla legislativa, uno de los grandes problemas actuales es la dificultad de saber dónde está

---

[14] Cf. V. Sorrentino, *Il potere invisibile. Il segreto e la menzogna in política*, Molfetta, la meridiana 1998.

el poder efectivo o quién gobierna. Lo ilustra la proliferación de teorías conspiratorias.

17. Hannah Arendt veía la democracia moderna como una variante del gobierno oligárquico. Pero lo cierto es que la crítica a la democracia es casi un tabú. En cambio, es muy popular la célebre frase de Lincoln «la democracia es el gobierno del pueblo para el pueblo y por el pueblo». Se trata de un peligroso sofisma, pues omite la ley de hierro. Hasta Rousseau reconocía que jamás gobierna el pueblo: es mentira que la democracia sea el gobierno de la mayoría, sencillamente porque no es así ni es posible. El *dictum* de Lincoln constituye una prueba de cómo la omisión o ignorancia de la ley de hierro induce al engaño y al autoengaño y facilita el trabajo a la demagogia en que ha desembocado hace tiempo la democracia más o menos real existente, conforme a la otra ley inexorable que afecta a los regímenes: la ley de la *anaciklosis*, conocida ya por Platón y Aristóteles pero enunciada por Polibio: «Todos los gobiernos mueren por la exageración de su principio». De ahí el invento de la forma mixta del gobierno como un fármaco capaz de contener la decadencia de los regímenes o prolongar su existencia. La exageración del principio oligárquico, aunque se disimule, acaba en la demagogia, generalmente como una mezcla de plutocracia y oclocracia, conocida a veces como populismo: mandan los ricos aparentando que manda la plebe.

18. La representación democrática es hoy en día la autorrepresentación de los demagogos. No se representa al pueblo, al que se engaña o seduce, ni se gobierna para el pueblo sino para sus intereses y los de sus amigos y clientes. Y lo que se hace por el pueblo es solo para seducirle y aficionarle al *carpe diem* mediante el *panem et circenses*. Naturalmente en su propio beneficio.

Escribió Étienne de La Boétie hace unos cinco siglos:

> Embrutecer a los súbditos, no se puede conocer más claramente que por lo que hizo Ciro a los lidios cuando, tras haberse apoderado de Sardes, la capital de Lidia, se le dio la noticia de que los sardos

se habían sublevado. Pronto los hubo reducido bajo su mano; mas, no queriendo saquear ciudad tan bella, ni verse siempre en la dificultad de mantener en ella un ejército para guardarla, se le ocurrió un gran remedio para asegurársela: estableció burdeles, tabernas y juegos públicos, e hizo publicar una disposición según la cual sus habitantes debían frecuentarlos. Esta guarnición resultó tan eficaz —ironizaba Étienne de La Boétie— que desde entonces nunca más fue necesario utilizar la espada contra los lidios: estas pobres y miserables gentes se entretuvieron en inventar toda clase de juegos[15].

19. El reconocimiento de la naturaleza oligárquica de los regímenes y los gobiernos es una de las «regularidades de la política» de las que hablaba Gianfranco Miglio recogiendo ideas de Ostrogorski, Mosca y Pareto sobre la clase política. No puede existir ningún Gobierno ni ningún Estado que sean completamente neutrales, como pensaba Bodino, ni completamente objetivos, como pensaba Hobbes, en relación con el pueblo. La neutralidad es el mito en que se fundamenta el Estado de derecho, pues todo Estado o Gobierno, por muy revolucionario que sea, es de Derecho. Gobiernos y Estados son oligárquicos, tanto por su origen como por su dependencia del régimen y se organizan y funcionan mediante el Derecho. Cuestión distinta es si se trata verdaderamente del Derecho, en el que es fundamental la distinción entre legítimo y legal, o de la Legislación, cuya distinción fundamental es entre procedimiento y legalidad.

La única diferencia real es la existente entre los Gobiernos sin Estado y los Estados. Las estructuras de los primeros son más lábiles y flexibles y no facilitan el establecimiento de oligarquías permanentes —que cristalicen, como decía Pareto—, llegando quizá a ser hereditarias, estamentales. En cambio, las estructuras científico-técnicas estatales favorecen de modo especial a las oligarquías, como venía a decir Marx, que era por eso antiestatista, pues establecen su propia legalidad. Lenin las utilizó en cambio para construir su *nomenklatura* doctrinalmente revolucionaria.

---

[15] *Discurso de la servidumbre voluntaria*, Trotta, Madrid 2008. [10], p. 36.

20. El régimen puede intensificar o disminuir el grado de oligarquización de los gobiernos y, por tanto, su neutralidad y parcialidad. Depende del grado de moralidad o inmoralidad que acepte la llamada sociedad civil que, abandonada prácticamente en Europa por las Iglesias, carece por sí sola de capacidad de resistencia. La ley histórica de la cultura y la civilización europeas es la tensión permanente entre la autoridad espiritual y los poderes temporales[16].

Las Iglesias, custodias por definición del *êthos* o moralidad colectiva pero quizá acomplejadas o confusas, hace tiempo se desentienden del pueblo y se dedican a otros menesteres, como hacer propaganda misericordiosa del islam, o se pliegan de hecho a la moral interpretada o dictada por los gobiernos. Moralidad que tiende a coincidir con la de las oligarquías y demás poderes indirectos económicos, políticos, sociales, ideológicos, mediáticos, las ONG (que por cierto han prohibido en Rusia), etc., que operan dentro del ámbito de la soberanía, el de lo público, que, al haberse ampliado tanto, es prácticamente el de la sociedad entera, bastante sovietizada.

21. La sovietización, intensificada por la revolución culturalista de Mayo de 1968 es, en efecto, una característica de la cultura de las sociedades actuales[17]. El hegelianismo marxista-leninista reducía la sociedad civil, *die Bürgergesellschaft*, a la vida económica. Gramsci recuperó en cambio el concepto de sociedad de Hobbes,

---

[16]   Cf. por ejemplo, L. von Ranke, *Sobre las épocas de la historia moderna*, Centro de Estudios Políticos y Constitucionales, Madrid 2015.

[17]   Sobre la sovietización del arte, A. García-Trevijano Forte, *Ateísmo estético, arte del siglo XX. De la modernidad al modernismo*, Landucci México 2007. Conviene distinguir entre bolchevización, un fenómeno histórico-político estrictamente ruso, y sovietización, una forma de *bolchevización* pero de mayor ámbito geopolítico, en tanto circunscrito al pensamiento. Los bolcheviques prohibieron por ejemplo el arte moderno. La *sovietización* es indiferente, aunque es también una forma concreta del nihilismo anunciado por Nietzsche, implantada en la Unión Soviética y en otras naciones para politizar la cultura, neutralizar —«pacificar»— la sociedad civil y conquistar intelectualmente las creencias colectivas.

que abarca todo lo que no es el ámbito de la soberanía estatal, como el conjunto mecánico de los individuos del pueblo, un concepto orgánico. El régimen, al que llama la «sociedad política», enlaza el poder político con la sociedad civil. Otra forma de entender el régimen es, en el caso de la Nación-Estado, como la Nación Política de los oligarcas de la que habla Gustavo Bueno, distinta de la Nación Histórica, la Nación real, que alemanes y anglosajones llaman también Nación Cultural. E.-W. Böckenförde habla simplemente de lo *prepolítico*, anterior al Estado o Gobierno: el orden social como distinto del orden político, que estaría superpuesto, y que, como en la actualidad carece de fundamento, plantea el grave problema de la falta de presupuestos del Estado[18], que sería por tanto ilegítimo. Es el llamado «dilema de Böckenförde»:

> El desprendimiento del orden político en cuanto tal de su determinación y configuración (*Durchformung*) religiosa-política, su mundanización en el sentido de la salida de una previa unidad del mundo religiosa-política a una fijación propia de objetivo y legitimación concebida (políticamente) mundanamente; en definitiva, la separación del orden político de la religión cristiana y de toda religión concreta como su fundamento y levadura. Esta evolución pertenece también al origen del Estado. Sin este aspecto, afirma Böckenförde, no cabe concebir el proceso del Estado tal como ha sido ni el problema fundamental del orden político que se plantea en el Estado actual[19].

22. El principio protestante *cuius regio eius religio* está siempre en estado latente. Ensimismado, ausente o retirado de la escena el *pouvoir espirituel*, ni la Nación Histórica ni lo prepolítico pueden resistir *in the long run* a la inversión o disolución de la cultura impulsada por el poder temporal.

Para Gramsci, era fundamental conseguir la «hegemonía cultural» mediante la educación, la penetración en las instituciones

---

[18]   E.-W. Böckenförde, *Staat, Gesellschaft, Freiheit. Studien zur Staatstheorie und zum Verfassungsrecht*, Frankfurt a. M., Suhrkamp 1976. »Entstehung des Staates als Vorgang der Säkularisation«, II.

[19]   Ib. Id., p. 43.

—consideraba muy importante, casi decisivo, penetrar en las iglesias— y la propaganda en vez de conquistar el Estado a lo Lenin, a fin de realizar la revolución marxista. Venía a coincidir con la socialdemocracia de Lassalle. La cultura hace que la opinión de la sociedad civil, lo prepolítico o la Nación Histórica o real, reconozca y acepte el régimen con mayor o menor entusiasmo o resignación, como parte del poder público. Depende del grado en que esté manipulada: «La democracia es la voluntad del pueblo. Todas las mañanas me sorprendo al descubrir en el periódico cuál es mi voluntad», suele decir un comediante holandés.

Las ideologías, la educación, la propaganda de los gobiernos y los *media* durante generaciones, intensificadas desde la Gran Guerra de 1914-1918, y aún más desde la Segunda Guerra Mundial bajo la influencia de la propaganda soviética, de la Escuela de Frankfurt, Gramsci, los partidos comunistas y socialistas, las universidades norteamericanas, los medios de comunicación —«la televisión es la violación de las masas» (J.-F. Revel)—, etc., han infantilizado a los pueblos europeos como en la ciudad de los lidios. Sin la propaganda, decía también Revel resumiendo todo eso, no existiría el socialismo, es decir, el colectivismo, es decir, el totalitarismo, es decir, el estatismo, o sea, los Estados y Gobiernos como patrimonio de las oligarquías.

El Gobierno o el Estado seguirían siendo oligárquicos, pero más diferenciados o independientes del régimen y la Nación Política. Existirían solo el orden social como lo prepolítico y el orden político. En tal caso, el factor oligárquico no estaría tan difuso si el Gobierno no fuera estatal. Está más difuso y mucho más confuso en el del gobierno administrador del Estado, pese a estar sometido a las reglas de la estatalidad: a la *ratio status*, ampliada desde la Revolución francesa como *l'ordre publique*, lo público como dominador de lo privado.

23. Los Estados y los Gobiernos son muy fuertes frente a los gobernados o administrados aislados entre sí por la política

«democrática» del *divide et impera*, que aplican las burocracias políticas con sus leyes innumerables. Javier Esparza cita a Chesterton:

> Nuestra sociedad ha llegado a desarrollar una burocracia tan inhumana que casi parece espontánea, natural. Se ha convertido en una segunda naturaleza: tan indiferente, remota y cruel como ella. Otra vez regresa el caballero errante a los bosques solo que, ahora, no es entre los árboles donde se extravía, sino entre las ruedas del maquinismo. (...) Hemos encadenado a los seres humanos a una maquinaria gigantesca y no podemos predecir en qué parte dejará notar sus fallos. La pesadilla de Don Quijote ha encontrado justificación. Porque los molinos de hoy son verdaderos gigantes.

Chesterton falleció en 1936. Gobiernos y Estados eran entonces mucho más pequeños y estaban menos sovietizados que los actuales. Carcomidos debido a su elefantiasis por innumerables poderes e influencias indirectos, han devenido paradójicamente cada vez más anárquicos. La situación es de desorden creciente acercándose al caos en Europa, donde las oligarquías arrasan el *êthos* tradicional en el sentido de histórico y por tanto fundamentante, casi proscrito. Como nota Böckenförde, esto afecta al Estado, cuyos gobiernos son desgobiernos, categoría descrita por Alejandro Nieto.

24. Carl Schmitt, quien se consideraba uno de los últimos defensores del Estado, escribió en el prólogo a la edición de 1963 de *El concepto de lo político*: «La época de la estatalidad ha llegado a su fin. Sobre esto, no merece la pena perder el tiempo». ¿Ha agotado definitivamente el Estado todas sus posibilidades? ¿Estará dejando el paso la revolución permanente estatal a una situación de desorden permanente, en realidad indefinida hasta que se imponga un nuevo orden? ¿Se está entrando en una nueva época a la que precede un interregno? ¿Será que sigue a la implosión del Imperio de los Sóviets la de su réplica, los Estados y Gobiernos socialdemócratas? ¿Se cumple una vez más la vieja ley de la *anaciklosis*, de la evolución de las formas del gobierno? ¿Ocuparán las naciones el lugar que les había usurpado el Estado? La inseguridad, la

incertidumbre y los temores de las masas, que empiezan a sentirse engañadas por las clases dirigentes, están en aumento y, de acuerdo con la experiencia histórica, podría ocurrir cualquier cosa.

25. El tema eterno de la política es la forma y la medida en que la libertad política o colectiva del pueblo es capaz de frenar a la oligarquía. Bakunin, el príncipe de la anarquía, describía así la libertad política:

> Solo soy libre cuando todos los seres humanos que me rodean, hombres y mujeres, son igualmente libres. Lejos de limitar o negar mi libertad, la libertad de los demás es su condición necesaria y su confirmación. Solo soy libre en el verdadero sentido de la palabra, en virtud de la libertad de los demás, de manera que, cuanto mayor es el número de personas libres que me rodean, y cuanto más amplia, profunda y extensa es su libertad, más profunda y extensa será la mía.

Bakunin se proclamaba ateo. Pero su descripción de la libertad política es una versión laica, laicista en su caso pues se proclamaba ateo, del segundo mandamiento.